교과연계	
5-2 국어	3. 의견과 주장
6-1 국어	3. 다양한 주장
6-2 국어	6. 생각과 논리

어린이를 위한 말하기 7 법칙

7명의 위인에게 배우는 발표와 토론

최효찬 글
이희은 그림

주니어김영사

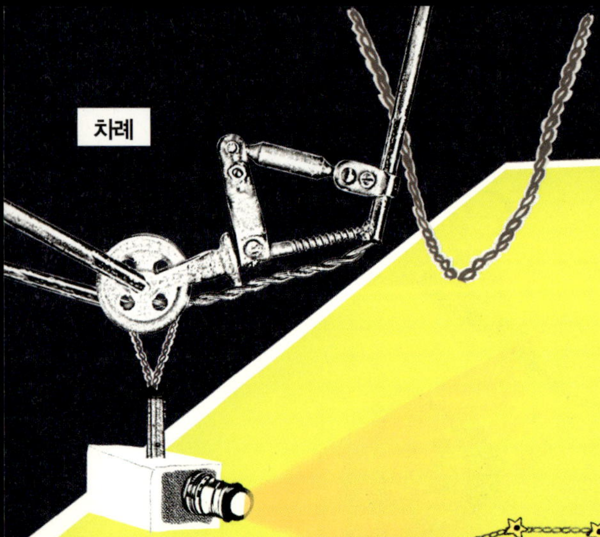

차례

1장
멋진 토론으로 대통령이 된 케네디의 반복 연습 · 8
처음부터 말을 잘하는 사람은 아무도 없다
– 케네디에게 배우는 말하기 1법칙 · 22

2장
다른 사람에게서 배우는 힐러리의 자신감 · 24
'말하기'에도 다른 사람의 생각과 삶의 경험이 필요하다
– 힐러리에게 배우는 말하기 2법칙 · 38

3장
꿈과 희망의 말로 마음을 사로잡는 오바마의 공감력 · 40
때로는 자신의 아픔이나 약점도 과감하게 털어놓자
– 오바마에게 배우는 말하기 3법칙 · 56

4장
꼴찌를 명연설가로 만든 처칠의 독서법 · 58
시비와 비난에 대응하는 유머, 독서로부터 비롯된다
— 처칠에게 배우는 말하기 4법칙 · 70

5장
호기심을 유발하여 청중을 사로잡는 잡스의 개성 · 78
파워포인트를 활용한 프레젠테이션 기술을 익혀라
— 잡스에게 배우는 말하기 5법칙 · 84

6장
토론의 모범을 보여 주는 손석희의 경청 · 86
잘 들어야 잘 설득할 수 있다
— 손석희에게 배우는 말하기 6법칙 · 96

7장
상대의 감정을 해치지 않는 셰릴의 진정성 · 98
메시지를 분명하고 단순하게 말하라
— 셰릴에게 배우는 말하기 7법칙 · 110

지은이의 말

말 잘하는 것, 결코 어렵지 않아요!
단, '말하기 7법칙'을 먼저 알아야 해요.

우리나라에서 '말 잘하는 사람' 하면 이어령 전 문화부 장관이 1인자로 꼽혀요. 그런데 이어령 전 장관이 가장 싫어하는 말이 뭔지 아세요? 그것은 바로 말을 잘하는 사람을 지칭하는 '달변'이라는 단어예요.

"달변이라는 말은 '내용은 없어도 청산유수'라는 말인데, 참 모욕적이에요. 강연 후에 누가 '청산유수시네요' 하면 할 말이 없어요."

한 신문사와의 인터뷰에서 이어령 전 장관이 한 말이에요. 청산유수같이 말을 잘한다고 칭찬하면 그건 칭찬이 아니라 비난으로 들린다는 의미죠. 설명이 너무 어렵다고요?

그렇다면 도대체 '말을 잘하는 사람'이란 어떤 사람일까요? 이 책에서는 우리나라뿐 아니라 전 세계에 걸쳐 말을 잘한다고 평가받는 일곱 인물의 말 잘하는 방법을 소개할 거예요. 바로 '말을 잘하기 위한 일곱 가지 법칙'입니다.

각 인물이 어떤 방법으로 상대를 설득하고 또 자신의 생각을 정확히 전달했는지 그들의 삶을 통해 배울 수 있어요.

말하기의 일곱 가지 법칙을 구체적으로 공부하고 그 비결을 배워서 토론 수업이나 학급 반장 선거에 나갈 때 직접 활용해 보세요. 이제 여러분도 말 잘하는 사람이 될 수 있답니다.

최효찬 아저씨가

1장

멋진 토론으로 대통령이 된 케네디의 **반복 연습**

케네디를 대통령으로!

젊은 대통령을 당선시킨 운명의 TV 토론

1960년 9월 26일은 미국뿐 아니라 전 세계적으로 이정표가 되는 날이었어요. 미국 대통령 선거 운동에 처음으로 텔레비전 토론이 도입된 날이거든요.

이날 존 F. 케네디와 리처드 닉슨은 대통령 자리를 놓고 한바탕 토론을 벌였어요. 두 사람은 무척 긴장했어요. 토론 장면이 텔레비전으로 생중계되어 전 국민이 지켜본다고 생각하니 말 한 마디 한 마디, 행동 하나하나가 조심스러울 수밖에 없었지요.

그런데 두 사람은 토론을 준비하는 과정에서 차이점을 보였어요. 케네디와 닉슨이 대통령 후보가 되자마자 방송사에서는 두 사람에게 텔레비전 공개 토론을 제안했어요. 이때 케네디는 제안을 즉시 받아들였지만 닉슨은 4일 동안 고민한 끝에 토론에 응했어요.

케네디는 텔레비전 토론의 영향력을 알고 있었던 거예요. 또한 텔레비전이라는 새로운 매체와 선거 운동을 결합시키는 문제에도 관심이 많았고요. 우리나라도 선거 때마다 후보들이 텔레비전 토론을 벌이잖아요? 그 시작이 바로 케네디와 닉슨의 대통령 선거였답니다.

토론에 적극적인 자세로 임하는 것과, 마지못해 참석하는 것에는 큰 차이가 있을 수밖에 없어요. 케네디는 방송국에서 제안을 받은 뒤, 토론을 위해 철저히 준비했어요. 토론에서 나올 예상 질문을 뽑고 답을 만들었어요. 케네디는 예상 답안이 빼곡히 적힌 두꺼운 카드 뭉치를 외우고 또 외워 완벽하게 숙지했어요. 그러고는 답이 적힌 카드를 공중으로 휙 날린 다음 팔랑거리며 바닥으로 떨어지는 카드를 웃으면서 지켜봤어요.

마침내 9월 26일이 밝았고 시카고에 있는 CBS 방송사 스튜디오에서 토론회가 열렸어요. 방송국으로 가면서 케네디는 '마치 링 위로 올라가는 권투 선수 같은 기분'이라고 했어요. 그러자 옆에 있던 보좌관이 '아니죠. 월드 시리즈 개막 경기의 투수 쪽에 가깝습니다. 4승은 따내야 하니까요.'라고 말했다고 해요. 미국 프로야구 메이저리그에서는 매년 우승 팀을 가리는 월드 시리즈 경기가 열리는데, 일곱 번 경기를 치러 네 번 먼저 이기는 팀이 챔피언이 돼요. 4승을 따내야 한다는 건 바로 이것에 비유한 거죠. 토론회가 네 번에 걸쳐 열리는데,

네 번 모두 이겨야 한다는 의미로요. 그래야 대통령에 당선될 확률이 높아지니까요.

텔레비전 토론회에서는 패션에도 신경을 써야 했어요. 만약, 여러분 학교에서 반장이나 학생 회장 선거를 할 때, 후보가 아무렇게나 옷을 입었다면 어떻겠어요? 아마도 선거에 임하는 자세가 안 되었다거나, 성의가 부족하다는 느낌을 받을 거예요.

케네디도 이 점을 신경 썼어요. 처음에 케네디는 풀 먹인 하얀 셔츠에 양복을 입었답니다. 그런데 케네디를 본 CBS 방송사의 한 스태프가 텔레비전 조명 아래서는 풀 먹인 하얀 셔츠가 번쩍거리게 나올 거라고 말했어요. 그러자 케네디는 곧 파란 셔츠를 가져오게 해서 갈아입었어요. 파란 셔츠를 입은 케네디는 훨씬 더 젊어 보였지요. 반면 닉슨은 밝은 색 양복을 입었는데, 그게 거무스름한 수염이 난 닉슨을 더 늙어 보이게 했어요. 시청자들은 당연히 젊어 보이는 케네디에게 점수를 더 주었고요.

케네디의 말하기 비법 1 청중과 눈을 맞추자

토론을 할 때는 시선을 어디에 두느냐가 아주 중요해요. 여러분이 만약에 선거에 나가기 위한 토론을 한다고 생각해 보세요. 이때 시선은 가능한 한 토론 상대방보다 토론을 지켜보는 친구들에게 두어야

해요. 그렇게 하면 친구들은 마치 자신에게 말하는 것처럼 느껴 눈을 맞추는 토론자에게 더 친근감을 느끼기 때문이에요.

케네디는 닉슨과 토론을 하면서도 상대방인 닉슨을 보지 않고 시청자들을 염두에 두고 카메라를 응시했어요. 카메라를 마치 친구처럼 대한 거죠. 케네디는 침착하게 렌즈를 응시하며 말했고 닉슨이 말할 때는 차분하게 메모를 했어요. 닉슨은 카메라를 응시하지 않고 케네디를 보면서 이야기했고요. 당연히 이 토론회를 본 시청자들은 닉슨이 국민을 보지 않고 이야기하는 것처럼 느꼈어요.

여러분도 친구들과 이야기할 때 친구가 자신을 보지 않고 다른 곳을 보고 말하면 기분이 안 좋지요? 토론을 하는 동안 닉슨의 시선은 케네디와 자신이 적은 메모 사이를 오갔어요. 또 케네디가 말하는 동안 찡그린 얼굴로 케네디를 바라보다가 슬쩍슬쩍 카메라를 보기도 했고요.

결국 이 토론회는 케네디의 압도적인 승리로 끝났어요. 이후 세 번에 걸친 토론회 역시 마찬가지였고요. 텔레비전 토론은 선거에 결정적인 영향을 미쳤고, 결국 케네디는 1960년 11월 8일, 35대 미국 대통령에 당선될 수 있었어요. 이때 케네디의 나이가 43세였어요. 역대 미국 대통령 중 가장 젊은 나이였죠.

케네디는 인류 역사상 처음으로 시도한 텔레비전 토론회에서 토론을 잘 이끌어 마침내 자신이 목표한 대통령의 꿈을 이룬 거예요.

케네디의 말하기 비법 2 **토론은 어릴 때부터!**

처음부터 토론을 잘하는 사람은 없어요. 연설도 마찬가지고요. 하루아침에 말솜씨가 좋아지거나 탁월한 웅변가가 될 수는 없는 노릇이잖아요. 준비나 노력이 없으면 토론이나 연설을 잘할 수 없다는 뜻이에요.

케네디가 토론을 잘할 수 있었던 비결은 어린 시절부터 어머니와 함께한 토론 연습 덕분이에요. 어머니는 저녁 식사 때마다 대화 주제를 정했어요. 어제는 '지리'에 대해 얘기했다면 오늘은 신문 1면에 난 기사 제목을 주제로 삼는 식이었어요. 물론 이때는 미리 신문 기사를 읽어야 했고요.

케네디의 어머니는 식탁 옆에 게시판을 만들어 놓고 매일매일 그날의 대화 주제를 그곳에 미리 붙여 놓았어요. 케네디 형제들은 그것을 보고 각자 신문 기사를 찾아 읽거나 얘기할 거리를 생각해서 정리한 뒤 저녁 식사 자리에 앉았어요. 만일, 그날의 주제에 대해 생각하지도 않고 기사도 읽지 않았다면 저녁 먹을 생각은 하지 말아야 했지요.

이렇게 어릴 때부터 토론 연습을 한 케네디는 자연스럽게 토론 능력을 키울 수 있었어요. 그리고 대통령 선거 직전에 열린 텔레비전 토론회에서 어린 시절부터 키워 온 토론 실력을 마음껏 발휘했고, 결국 대통령에 당선될 수 있었던 거지요.

케네디의 말하기 비법 3 존중하는 자세를 갖자

어릴 때부터 토론을 시작한 케네디 형제들은 토론 능력에 따라 두 그룹으로 나뉘었어요. 한 식탁에는 토론을 잘하는 아이들이 앉았고 또 다른 식탁에는 토론을 잘 못하거나 게으름을 부리는 아이들이 앉았어요. 그것은 모든 아이가 주눅 들지 않고 토론에 참여할 수 있는 기회를 갖게 하기 위해서였어요. 모두가 하나의 식탁에 앉는다면 나이가 많은 아이가 당연히 토론을 주도할 수밖에 없으니까요. 그리고 또 한 가지 이유는 경쟁심을 갖게 하기 위해서였어요. 그러다 보니 케네디 형제들은 토론을 잘하는 그룹에 들어가기 위해 더 열심히 기사를 읽고 주제에 대해 미리 생각해 본 뒤 저녁 식탁에 앉았어요.

토론 진행은 어머니가 맡았어요. 어머니는 케네디와 형제들이 주제에 대해 보다 깊이 생각하고, 의견을 말할 수 있도록 길잡이 역할을 했어요. 이야기가 핵심 없이 잡담으로 흐를 때에는 다른 질문을 던져 토론이 바르게 이어지도록 유도했지요.

이때 어머니의 가장 중요한 역할은 자기주장이 강한 아이가 대화를 독점하거나 다른 아이의 말을 가로막지 못하도록 적절히 제지하는 것이었어요. 그대로 놓아두면 말수가 적은 아이는 주눅이 들어 자신감을 잃고 열등의식을 느끼거나 자기 회의에 빠질 염려가 있기 때문이죠. 그렇게 되면 토론을 계속 이어 가기가 힘들어져요.

여러분도 자신 없는 과목보다는 자신 있는 과목을 공부하는 것이 더 신 나고 재미있지요? 신 나고 재미있다는 것은 무언가를 지속적으로 할 수 있게 하는 계기가 되니까요.

이렇듯 토론할 때에는 무엇보다 서로를 존중하고 상대방의 의견에 귀를 기울이는 게 중요해요. 다른 사람이 말할 때 자기와 생각이 다르다고 해서 결코 우습게 여기거나 비난해서는 안 돼요. 비난을 당하면 토론에서 자신감을 잃게 되기 때문이죠. 자신이 비난을 당했다고 생각해 보세요. 또 비난을 당할까 봐 그 뒤로는 쉽게 자기 생각을 말하지 못할 거예요.

케네디는 어린 시절 형제들과 함께 신문을 읽고 토론하면서 이런 토론의 예절을 배울 수 있었고, 그 결과 텔레비전 토론에서도 상대방보다 더 안정된 자세로 토론에 임할 수 있었어요.

케네디의 말하기 비법 4 신문을 읽으며 세상 보는 눈을 키우자

케네디는 어릴 때부터 어머니와 함께 읽었던 〈뉴욕타임스〉를 고등학교 때까지 계속해서 읽었어요.

케네디는 형과 함께 미국 사립 명문 고등학교인 초트스쿨에 다녔는데, 이 시절 내내 학교 공부보다 〈뉴욕타임스〉를 통해 얻는 시사상식에 더 큰 관심을 가졌어요. 그 결과 동급생들보다 풍부한 상식을 가질 수 있었고, 이는 곧 케네디를 시사에 정통한 학생으로 만들어 주었어요. 신문 구독이 바로 케네디의 '비밀 병기'였던 셈이죠.

요즘은 인터넷 기사를 더 쉽게 접할 수 있기 때문에 종이 신문을 보는 사람이 많이 줄었어요. 하지만 인터넷으로 볼 때와 달리 종이 신문은 신문을 넘기면서 다양한 기사를 접할 수 있어서 평소 관심 없던 기사도 자연스럽게 읽게 되지요. 마이크로소프트의 빌 게이츠나 세계 최고 부자인 워렌 버핏 등도 한결같이 신문 읽기를 권장하는 이유이기도 해요.

또, 언론학 교수들의 연구에 따르면 하루에 30분 신문을 읽는 학생은 그렇지 않은 학생보다 성적도 더 좋은 것으로 밝혀졌어요.

처음엔 서툴러도 연습하다 보면 오케이!

"처음엔 누구나 토론에 서툴기 마련이야. 그러나 서툴러도 열심히 반복하다 보면 누구든지 최고가 될 수 있단다."

케네디의 어머니는 자녀들이 토론할 때 항상 이런 말을 했어요. 케네디는 이 말만 들으면 왠지 신이 나고 자신감이 생겼어요.

어릴 때부터 토론을 잘한 케네디였지만 처음 국회의원에 나설 때는 연설 실력이 좋지 않았어요. 케네디의 보좌관조차 '연설을 듣는 모든 사람이 실망할 정도였다.'라고 평가했어요. 케네디는 원고를 줄줄 읽기만 해 듣는 사람을 따분하게 했거든요. 연설을 잘하려면 특정 부분을 강조하면서 강약을 조절해야 하는데, 그저 읽기만 했던 것이죠.

케네디는 또 연설을 할 때 안 좋은 버릇이 있었어요. 머리를 계속 흔들거나 손가락으로 테이블 위를 두드리거나 오른손을 자주 움직여 보는 사람을 불안하게 했어요. 또 말이 너무 빨라 보좌관들조차 케네디가 무슨 말을 하는지 이해하지 못할 정도였어요.

보좌관들로부터 연설이 형편없다는 지적을 받은 케네디는 '서툴러도 열심히 반복하면 최고가 될 수 있다.'라는 어린 시절 어머니가 해 준 말을 떠올렸어요.

이때부터 케네디는 자신의 약점을 고치기 위해 반복해서 연습하기 시작했어요. 케네디는 연설문을 외우고 또 외우면서 피나는 노력을 했어요. 사람들은 대부분 누가 자신의 단점을 지적하면 기분이 나빠지거나 변명을 하지만, 케네디는 지적을 받아들여 자신의 문제점을 하나하나 고쳐 나간 거예요.

"의원님, 연설을 하기 전에 심호흡을 두세 번 해 보세요. 그리고 손으로 허공을 가리키며 올려다보는 제스처도 한번 취해 보세요. 한결 기분 전환이 되고 여유가 생길 겁니다."

"그래, 그렇지만 여유를 갖기가 쉽지 않아. 심호흡은 좋은 아이디어인 것 같군."

보좌관의 조언을 들은 케네디는 먼저 심호흡을 한 뒤 되도록 천천히 말하는 연습을 했어요. 일단 오른손은 코트 주머니에 넣어 두었어요. 손가락으로 테이블을 두드리거나 오른손을 안절부절 움직이는 습관을 바로잡기 위해서였죠. 그런 다음 중요한 대목에서 손가락으로 공중을 찌르는 제스처를 취했어요. 그렇게 하자 좋지 않은 버릇이 없어졌고 연설을 하는 데도 자신감이 생겼어요. 또한 연설 중간중간에 유머도 넣으면서 여유를 가지려고 노력했어요.

'어, 나도 모르게 연설하는 데 자신감이 생기고 재미있어지는군. 이전에는 연단에 오를 때면 먼저 두려운 생각이 들어 앞이 캄캄했는데. 이제는 제법 여유가 생기는걸.'

열심히 노력해서 연습한 덕분에 케네디는 1960년 대통령 선거 운동이 시작되었을 때에는 '연설의 달인'이 되어 있었어요.

'이게 다 연습의 힘이야. 어머니가 말한 대로 했을 뿐인데. 어머니는 항상 서툴러도 열심히 반복하면 잘할 수 있게 된다고 하셨지. 반복해서 하면 아무리 힘든 일도 잘할 수 있게 되는 거야. 잘할 수 있게 되면 점점 자신감이 생기는 건 당연한 일이지. 자신감이 생기니까 연설하는 데 두려움도 저절로 없어지는 것 같아.'

말을 잘하는 정치가들조차 연설하는 게 두렵다고 해요. 많은 사람

앞에서 실수를 해 망신을 당하지는 않을까 염려되기 때문이지요. 그러니 일반 사람들은 두말할 필요가 없겠죠. 케네디도 처음에는 그랬고 심지어 말을 더듬기도 했지만, 연습에 연습을 반복한 결과 연설을 잘하는 대통령이 될 수 있었던 거예요. 여러분도 '반복 연습'을 잊지 마세요.

케네디에게 배우는 말하기 1법칙
'반복 연습'을 이길 무기는 없다

1. 상대방의 눈을 보며 말해요

학급회의 때 발표를 하거나 반장 선거에 나가 이야기할 때는 친구들을 보면서 말하는 게 중요해요. 서로 눈을 맞추면 친밀감을 느낄 수 있을 뿐 아니라 자신의 생각을 보다 정확하게 전달할 수 있답니다. 평소에 이야기할 때도 상대방의 눈을 바라보며 이야기하는 습관을 가져 보세요.

2. 말하기 연습은 어릴 때부터 시작해요

토론이 어렵다고요? 물론, 하루아침에 잘할 수는 없어요. 공부도 벼락치기로 하면 금세 잊어버리잖아요. 어릴 때부터 책을 읽고 부모님이나 형제들, 친구들과 자신의 생각을 나누다 보면 점점 말하기에 자신감이 생겨요. 그러면 학교 선거나 학급회의 발표, 또 공식적인 토론에서도 두려움 없이 잘해 나갈 수 있답니다.

연습

3. 상대방을 존중하는 자세를 가져요

특히 토론을 할 때는 무엇보다 서로를 존중하고 상대방의 의견에 관심을 가지는 게 중요해요. 다른 사람의 말을 비난해서는 결코 안 돼요. 내가 한 말에 대해 비난받았다고 느끼면 다시는 말하기 싫어지잖아요? 상대방을 존중하는 자세는 말하기에 있어서 아주 중요하답니다.

4. 신문 읽는 습관을 들여요

말을 잘하는 것도 중요하지만 발표 내용을 알차게 준비하는 게 더 중요해요. 핵심이나 내용 없이 말만 번지르르하다면 믿음이 안 가지요. 어릴 때부터 신문을 즐겨 읽은 케네디처럼 신문을 늘 가까이 하고 즐겨 읽으세요. 그러다 보면 다방면의 관심사는 물론 그에 대한 깊은 지식까지 생겨 토론이나 연설에서 핵심을 찌르는 한마디를 할 수 있어요.

2장

다른 사람에게서 배우는 힐러리의 **자신감**

전 세계 여성이 닮고 싶은 역할 모델 1위

　미국에서 가장 인기 있는 정치인이 누굴까요? 미국 역사상 최초의 흑인 대통령, 버락 오바마를 떠올리는 사람이 많겠지만 실제로는 힐러리 클린턴 전 국무장관이 더 인기가 많아요. 힐러리는 미국의 전 국무장관이자, 42대 대통령인 빌 클린턴의 부인이에요. 힐러리는 어린 시절 '권위에 맞서고 어려움이 닥쳐도 결코 포기하지 마라.'라는 할머니의 가르침에 따라 언제나 도전을 즐기며 살아왔어요. 그러니 힐러리를 연상하면 당당한 여성의 이미지가 떠오르는 것도 우연은 아니지요.

　늘 자신감 있고 당당하게 연설하는 모습 덕분에 힐러리는 미국인뿐 아니라 전 세계적으로 인기를 얻고 있어요. 특히 여성들로부터 많은 지지를 얻고 있는데 힐러리만큼 전 세계 여성들의 역할 모델이 된 사람도 없을 거예요.

　그렇다면 힐러리에게도 역할 모델이 있었을까요? 힐러리는 1930년대 대공황기(경제 침체로 대혼란에 빠졌던 시기)에 미국 대통령을 지낸 프랭클린 루스벨트의 부인 엘리너 루스벨트를 역할 모델로 삼았어요. 엘리너는 전 세계 수많은 여성에게 영향을 미친 대표적인 인물로, 퍼스트레이디에서 사회 운동가이자 정치가로, 여성 문제와 인권 문제 등 폭넓은 분야에서 활약했어요.

　힐러리가 지금처럼 훌륭한 정치인이자 전 세계적으로 가장 닮고 싶은 여성이 된 데에는 늘 엘리너를 마음속에 간직하면서 용기와 힘을 얻었기 때문이에요. 힐러리의 자신감에 찬 말하기 또한 인생의 길잡이가 되어 준 마음속 역할 모델에게서 얻는 힘이 컸지요.

　역할 모델은 먼 바다를 항해하는 배에게 나침반 역할을 하는 '등대'와 같은 존재라고 할 수 있어요. 힐러리가 전 세계 여성들의 최고의 역할 모델이 될 수 있었던 것은 바로 엘리너 루스벨트를 어린 시절부터 역할 모델로 삼고 엘리너의 인생철학을 모방하면서 매사에 노력했기 때문이에요.

　힐러리는 엘리너의 사진과 기념품을 수집하는 게 취미였을 만큼 엘리너를 좋아했어요. 엘리너를 역할 모델로 삼았던 힐러리는 이제 전 세계 여성들에게 등대와 같은 큰 영향력을 끼치고 있어요. 여러분도 좋아하는 연예인의 사진을 수집하듯, 역할 모델을 정하고 그 사람의 사진을 수집해 보세요. 살아가면서 어려움과 위기에 빠졌을 때, 역할 모델이 있다면 나아갈 바를 다시 설정하고 용기를 내어 위기를 헤쳐 나갈 수 있으니까요.

힐러리의 말하기 비법1 독서와 토론을 이끌어 줄 '코치'를 만나자

힐러리의 자신감의 원천은 역할 모델을 정하고 그에 따라 충실히 노력한 것, 그리고 풍부한 독서에 있었어요. 다양한 지식을 알고 있어야 이야깃거리가 풍부해져 대화에 적극적으로 참여할 뿐 아니라, 말하고자 하는 내용에도 자신감을 가질 수 있기 때문이에요. 그래서 말을 잘하는 사람, 토론의 달인, 연설의 달인은 모두 독서광이지요.

그런데 힐러리의 독서에는 조금 특별한 점이 있어요. 바로 '독서 코치'를 곁에 두었다는 거예요. 힐러리는 중학생 때 교회에서 만난 도널드 존스 목사에게 독서와 토론에 관해 지도를 받았어요. 또 학교에서는 폴 칼슨이라는 역사 선생님에게 독서 지도를 받았고요.

힐러리는 자신에게 큰 영향을 준 책으로 제롬 데이비드 셀린저의 《호밀밭의 파수꾼》을 꼽아요. 이 소설에서 '호밀밭'은 위선과 불의가 존재하지 않는 순수의 세계를 상징하는데, 힐러리가 생각하기에 세상에는 보호가 필요하지만 보호받지 못하는 사람들이 많았어요. 미국에서는 늘 백인에게 차별을 당하며 살아온 흑인이나 남성에게 억눌

려 살아온 여성이 대표적이죠. 힐러리는 이 소설을 읽으면서 힘없고 무시당하는 사람들에게 관심을 가져야겠다고 생각했어요. 힐러리가 여성 인권에 관심을 갖게 된 것도 이 책의 영향이 컸어요.

힐러리에게 《호밀밭의 파수꾼》을 읽고 토론하자고 제안한 사람이 바로 존스 목사였어요. 힐러리의 인생을 바꿔 놓을 한 권의 책을 선택하고, 그 안에 든 내용을 제대로 소화할 수 있도록 길을 열어 준 것이지요. 만약 힐러리가 이 책을 단순히 읽는 것에만 그쳤다면 자신의 생각을 정리해 볼 기회도, 또 그것을 누군가에게 전달할 기회도 없었겠지요. 그렇다면 지금의 힐러리는 없었을지도 몰라요.

힐러리는 존스 목사의 제안으로 《성경》을 비롯해 T. S. 엘리엇의 시집 《황무지》, 도스토예프스키의 《카라마조프의 형제들》도 읽고 토론했어요. 좋은 책을 선별해 읽는 것도 중요하지만 자신의 생각을 정리해서 누군가에게 말로 전달하고 그와 관련된 다른 사람의 의견을 듣는 것 또한 중요하다는 걸 힐러리는 존스 목사를 통해 배울 수 있었어요. 그러니까 읽기와 말하기를 동시에 연습한 셈이에요.

미국에서는 세계적인 소설, 철학, 과학, 성경, 신화, 역사 등의 고전을 읽고 발표하거나 에세이를 제출하는 방식으로 수업이 이루어져요. 미국 학생들은 이미 고등학교 때 미국대학위원회가 선정한 추천 도서 101권을 포함한 수백 권의 책을 읽고 토론을 하고 에세이를 쓰면서 다양한 지식과 세계관을 접하며 사고력을 키워요. 폭넓은 독서를 통해 다양한 호기심을 발동시키고 선생님이나 독서 코치를 통해 자신의 한정된 생각을 다듬고 발전시켜 세상을 보는 다양한 관점과 시야를 갖추게 되는 것이죠.

평소 책을 꾸준히 읽고 있다면 여기서 한 걸음 더 나아가 '독서 코치'를 만들어 보세요. 학교에서나 도서관에서 책을 읽을 때 선생님들에게 도움을 구해 보세요. 어떤 책을 읽어야 할지 막막할 때 조언을 얻을 수 있을 뿐 아니라, 힐러리처럼 토론을 통해 생각을 교환하고 자신의 인생관을 정립하는 데 도움을 받을 수 있으니까요. 꼭 선생님이 아니더라도 아빠나 엄마, 삼촌, 형제자매 등도 독서와 토론의 코치가 되어 줄 수 있어요.

힐러리의 말하기 비법 2 **소신 있게 자기주장을 하자**

힐러리는 어릴 때부터 가족과 식탁에 둘러 앉아 정치나 스포츠에 대해 열띤 토론을 벌이곤 했어요. 힐러리는 정치적 견해가 서로 다른 부모 밑에서 자랐는데, 어머니는 진보적인 민주당을, 아버지는 보수적인 공화당을 지지했어요. 투표를 하면 아버지는 공화당 후보를 찍었고 어머니는 민주당 후보를 찍었어요. 힐러리는 부모님의 가치관이 서로 밀고 당기는 과정 속에서 성장했어요.

이렇듯 힐러리는 부모님과 토론을 하면서 세상에는 정말 다양한 의견이 있다는 걸 배웠어요. 재미있는 것은 힐러리가 아버지와 어머니의 가치관을 둘 다 가지고 있다는 거예요. 처음에 힐러리는 자신의 견해를 강요하는 아버지의 영향으로 공화당을 지지했어요. 대학교에 다닐 때까지 공화당을 지지하다가 나중에는 스스로 판단한 결과 민주당을 지지하게 되었어요.

힐러리는 토론을 할 때마다 '자신의 주장을 쉽게 포기해서는 안 된다.'라는 어머니의 말을 떠올렸어요. 어머니는 힐러리에게 곧잘 '너는 이 세상에 하나뿐인 존재야. 너는 스스로 생각할 수 있어. 남들이 어떻게 생각하든 상관없어.'라고 말했어요. 힐러리 어머니의 말처럼 스스로 생각하는 것은 정말 중요해요. 또 생각하는 것에 그치지 않고 자신의 생각을 당당하게 말하는 것도 중요해요. 그러나 그보다 더 중요한 건 서로 자신의 생각을 말하고 의견을 나누면서 더 좋은 의견을 만들어 내는 과정이겠죠.

"어떤 사람의 의견이 나와 다르다고 해서 그 사람이 반드시 나쁜 것은 아니며, 무언가가 옳다고 믿는다면 그것을 옹호할 준비가 되어 있어야 한다는 것을 배웠다."

힐러리는 자서전에서 이런 말을 했어요. 다른 사람의 의견도 존중하되 자신이 옳다고 생각하는 일이라면 소신 있게 말하는 것이 중요함을 강조한 거예요.

 **힐러리의 말하기 비법 3** 자신의 생각과 반대편에 서서 토론해 보자

힐러리는 고등학교 때 정치 과목을 가르쳤던 제럴드 베이커 선생님 덕분에 자신의 생각과 반대편에 서서 토론해 볼 기회가 있었어요. 토론 주제는 '1964년 미국 대통령 선거'였어요. 베이커 선생님은 공화당(보수 정당)을 지지하는 힐러리에게 민주당(진보 정당) 지지자의 입장에서 토론을 하게 했어요. 그리고 다른 학생에게 힐러리가 하려고 한 공화당 지지를 맡겼어요. 힐러리는 처음에 그렇게 할 수 없다고 선생님에게 항의했어요. 하지만 베이커 선생님은 그렇게 역할을 바꾸면 상대방의 관점에서 문제를 볼 수 있고, 새로운 것을 많이 깨닫게 될 거라고 말했어요.

보수적인 공화당을 지지했던 힐러리는 처음으로 민주당의 진보적인 정책을 살펴봤어요. 인권과 의료 보험, 빈곤 문제와 외교 정책에 대한 민주당과 민주당 대통령 후보의 견해를 공부할 기회가 생긴 거예요. 그런데 이 과정에서 놀라운 일이 벌어졌어요. 힐러리는 자신의 정치적 신념이 보수적인 공화당보다 오히려 진보적인 민주당에 가깝다는 것을 깨닫게 되었어요. 힐러리는 이 토론을 계기로 공화당 지지자에서 민주당 지지자로 돌아서게 되었답니다.

이렇게 상대방 입장에서 생각하면 서로 이해할 수 있게 될 뿐 아니라 자신의 생각도 다시 한 번 점검해 볼 수 있는 기회가 돼요.

"지금 내가 생각하고 있는 게 과연 진짜 나의 생각일까?"

이렇게 생각을 거듭하다 보면 자신의 진짜 생각이 무엇인지 알 수 있게 되는 거죠.

서로 다른 입장에서 생각하고 토론하기 위해서는 다양한 의견이 담긴 책이나 신문, 잡지 등을 읽는 게 좋아요. 힐러리는 학교에 다닐 때 보수적인 신문과 진보적인 잡지를 같이 읽으면서 균형 잡힌 시각으로 세상을 보는 연습을 했어요. 그 결과 세상을 바라보는 자신만의 눈을 키울 수 있었던 거예요.

힐러리의 말하기 비법 4 친구들의 의견에 귀 기울이자

힐러리는 졸업식 연설문을 준비하면서 친구들에게 연설에서 어떤 말을 하면 좋을지 의견을 물었어요. 혼자 생각해서 연설문을 준비하는 것보다 친구들에게 물어보면 친구들이 연설을 통해 무슨 말을 해 줬으면 하는지 알 수 있기 때문이죠. 힐러리는 친구들의 조언을 바탕으로 졸업한 뒤 사회인이 되면 창조적이고 열정적으로 삶을 개척해 나가자는 내용으로 연설을 했어요. 연설이 끝나자 졸업식에 참석한 모든 사람이 열광적인 기립박수를 보냈어요.

여러분도 토론이나 연설을 할 기회가 생기면 친구들에게 먼저 의견을 물어보세요. 그러면 친구들은 자신이 원하는 게 무엇인지 또 어떤 연설을 기대하는지 알려 줄 거예요.

특히 선거를 대비한 연설을 이렇게 준비해 상대방이 원하는 것을 말한다면 선거에서 더 많은 지지를 얻을 수 있어요. 학급 반장이나 학생회장 선거에 나갈 때 먼저 친구들이 원하는 것이 무엇인지를 파악하고 이를 반영해서 공약을 마련하면 좋아요. 친구들의 의견에 귀를 기울이고 이를 반영한 공약을 내세운다면 더 많은 친구의 공감을 얻을 수 있고 당선될 확률도 높아질 거예요.

연설할 기회가 오면 자신감 있게 도전해요

 기회는 누구에게나 열려 있어요. 단 기회가 올 때까지 얼마나 준비하고 연습해 왔는가에 따라 결과가 달라질 수 있어요. 새로운 기회는 늘 부담이 되기 마련이에요. 사람들 앞에 나서서 토론을 하거나 연설을 하는 일에는 용기가 필요하지요. 사람이면 누구나 실수를 하지는 않을까 걱정하는 마음이 드는 게 당연해요. '무대 울렁증'이라는 말도 있듯이 아무리 토론이나 연설을 잘하는 사람이라도 수많은 사람 앞에서 말하는 건 늘 부담스러운 일이거든요.

 토론을 잘하고 연설을 잘한다는 힐러리도 연설을 하기에 앞서 늘

긴장하고 떨린다고 해요. 이때 용감하게 도전하는 자세가 중요해요. 도전하는 사람에게만 기회가 주어지기 때문이죠. 힐러리의 어머니는 딸에게 늘 '겁쟁이가 되는 것을 바라지 않는다.'라고 말했는데 힐러리는 이 말에 용기를 내어 기회가 있을 때마다 도전을 했어요.

힐러리가 연설에 관심을 갖기 시작한 것은 중학교 3학년 때였어요. 중학교 학생회장 선거에 나서면서 처음 연설을 했고 청중들에게 좋은 반응을 얻으면서 '나도 잘할 수 있다'는 자신감을 얻을 수 있었어요. 선거는 떨어지기도 하고 당선되기도 하지만 당락에 상관없이 토론과 연설을 경험할 좋은 기회가 된다는 것만으로 선거에 나가는 의미가 있어요.

힐러리가 미국인에게 연설로 주목받게 된 것은 웰즐리 대학교의 졸업식 때부터였어요. 그때까지 웰즐리 대학교 졸업식에서 학생이 연설한 적은 한 번도 없었어요. 힐러리도 졸업을 앞두고 자신이 연설을 하리라고는 꿈에도 생각하지 못했어요. 그런데 친구들이 연설을 잘하는 힐러리에게 졸업생을 대표해서 연설을 해 보라고 부탁했고, 언제나 학교생활에 적극적이었던 힐러리는 친구들의 부탁을 받아들였어요.

뜻밖에도 힐러리의 연설은 학교 밖에서도 큰 관심을 불러일으켰어요. 미국의 유명 잡지 〈라이프(LIFE)〉는 힐러리의 연설을 특집 기사로 실을 정도였어요. 신문사와 방송사에서 인터뷰 요청도 줄을 이었어요. 힐러리는 졸업식 연설 한 번으로 전국적인 연설가로서 명성을 얻게 된 거예요.

힐러리는 졸업 후에도 여성 단체로부터 연설 요청을 받았어요. 졸업식 연설이 방송과 신문을 통해 알려지면서 전국적으로 이름이 알려진 덕분이었어요. 대학교 졸업 연설을 하지 않았다면 힐러리는 아마도 정치인이 아닌 평범한 변호사의 길을 걸었을지도 몰라요. 여러분도 두려워하지 말고 적극적으로 토론하고 연설하는 기회를 만들어 보세요.

힐러리에게 배우는 말하기 2법칙
'자신감'을 이길 무기는 없다

1. 독서를 이끌어 줄 코치를 찾아요

책을 많이 읽는 것도 중요하지만, 어떤 책을 어떻게 읽을까 막막하다면 독서 코치를 찾아보세요. 꼭 선생님이 아니어도 엄마, 아빠, 삼촌 등 주변 사람들 중에서 찾아보는 것도 좋아요. 독서 코치의 도움을 받으면 혼자 책을 읽을 때 보다 더 풍부하게 생각을 확장시킬 수 있어요.

2. 소신 있게 자기주장을 해요

토론을 할 때 상대방의 이야기를 잘 듣고 나와 다른 의견을 존중하는 것도 중요하지만, 자신이 옳다고 믿는 것은 소신 있게 주장해 나가는 것이 중요해요. 스스로 깊이 생각하고 내린 결론이라면 내 의견을 뒷받침할 충분한 근거를 모아 내 생각을 자신 있게 말해요.

3. 의견이 다른 친구와 역할을 바꾸어 토론해 봐요

토론할 기회가 생길 때, 일부러 자신의 생각과 반대편에서 토론해 보세요. 상대방의 입장을 이해할 수 있는 것은 물론 반대편에 서서 자신의 생각을 반박해 보면서 자신의 생각을 점검해 볼 수 있는 좋은 기회가 되거든요. 한쪽으로 치우치지 않은 균형 잡힌 시각을 키우는 데 많은 도움이 될 거예요.

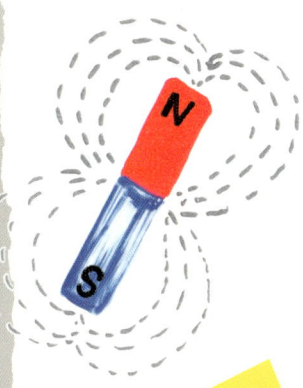

4. 친구들의 의견을 적극 반영해요

반장 선거나 졸업식 등 연설을 할 기회가 생긴다면, 어떤 내용으로 연설을 하면 좋을지 연설을 듣게 될 친구들에게 먼저 물어보세요. 청중의 의견을 반영하여 청중이 듣고 싶은 이야기를 한다면, 청중은 더 귀를 기울일 것이고, 더 많은 지지를 보낼 테니까요.

긍정적인 자기 암시의 대표 주자

　미국 최초의 흑인 대통령 버락 오바마는 하와이로 유학 온 케냐 출신 흑인 아버지와 백인 어머니 사이에서 태어났어요. 그러나 오바마가 세 살 때 아버지가 하버드 대학교로 공부하러 떠나면서 아버지와는 헤어져 살게 되었어요.

　오바마는 여덟 살 때 재혼한 어머니를 따라 인도네시아로 갔다가, 열한 살 때 하와이로 돌아와 외할아버지 댁에서 자랐어요. 아버지를 다시 만난 건 열한 살 때였는데, 그때 한 달 동안 아버지와 함께 지냈어요. 아버지는 떠날 때 오바마에게 농구공을 선물로 주고 갔어요. 아버지는 어머니와 이혼한 뒤 조국 케냐로 돌아가 공무원으로 살았어요.

인도네시아에서의 어린 시절과 외가에서 보낸 청소년 시절에서 알 수 있듯이 오바마의 집안은 행복한 가정 환경과는 거리가 멀었어요. 그런 오바마에게 과연 어떤 일이 있었기에 역경을 극복할 수 있었을까요?

어린 시절 오바마의 외할아버지는 항상 오바마에게 '너는 네 아버지의 자신감을 배워야 해. 자신감은 남자의 성공을 위한 비밀의 열쇠거든.'이라고 말하곤 했어요. 오바마의 아버지는 아프리카 케냐에서 미국으로 유학을 왔어요. 우리나라에서도 미국으로 유학 가기가 쉽지 않은데 아프리카에서의 미국 유학은 더 어려웠지요. 하지만 오바마의 아버지는 미국 유학에 도전했어요. 하와이 대학교에 유학을 왔고 이어 세계적인 명문, 하버드 대학교로 다시 유학길에 올랐어요.

외할아버지에게 들은 이야기 덕분에 오바마는 흑인 아버지를 긍정적으로 생각할 수 있었어요. 오바마는 흑인이어서 백인에게 늘 멸시를 받았고 자존심에 큰 상처를 입고 있었거든요. 백인보다 열등하다는 콤플렉스에 시달리고 있었던 거예요. 물론 자신감도 없었고요. 그런데 아버지의 이야기를 들으면서 오바마는 아버지가 존재하고 있다는 사실만으로도 큰 힘을 얻을 수 있었어요.

열한 살 때 오바마가 하와이에서 아버지를 다시 만났을 때, 한 달 동안의 짧은 만남이었지만 두 가지 중요한 일이 생겼어요. 먼저 아버지가 오바마가 다니던 푸나호우 학교에 일일 교사로 와서 아이들로부터 큰 박수를 받은 일이었어요. 그것은 오바마에게 일어난 뜻밖의 사건이었어요.

아버지는 아이들에게 아프리카에 대한 이야기, 자유를 위해 싸웠던 조국 케냐의 역사 이야기를 들려주었어요. 케냐 사람을 부당하게 억압했던 영국인과 자유를 향한 꿈을 잃지 않고 끈기와 희생으로 시련을 이겨내 마침내 영국으로부터 독립을 쟁취한 케냐 사람들에 대한 이야기였어요.

아버지가 강의를 끝내자 친구들은 크게 박수를 쳤어요. 오바마의 아버지를 만나기 전까지는 아프리카에 식인종이 산다고 말했던 친구들이 '너희 아빠 정말 끝내준다!'며 환호를 보냈어요.

또 한 가지 일은 아버지가 떠나는 날 오바마에게 농구공을 선물한 거예요. 오바마는 농구를 잘해요. 그 이유가 바로 아버지가 준 농구공에 있었어요. 오바마는 아버지가 그리울 때마다 아버지에게 선물받은 농구공을 가지고 농구 코트에서 땀을 흘렸어요. 케냐로 돌아가 공무원이 된 아버지와는 그 뒤로 다시는 만나지 못했지만, 조국 케냐를 사랑한 아버지의 모습을 통해 오바마는 더 큰 꿈을 꾸기 시작했어요. 특히 농구공은 오바마에게 자신감을 심어 주었어요.

토론이나 연설 등 말하기에도 자신감이 무엇보다 중요해요. '나는 할 수 있어!'라고 마음먹으면 무엇이든지 할 수 있는 용기가 생기거든요. 그런데 '나는 할 수 없어.'라고 지레 포기하면 아무리 쉬운 일도

할 수 없어요. 모든 일은 마음먹기에 달렸다는 말도 있잖아요.

또 '마인드 컨트롤'이라는 말이 있어요. 심리학적 용어로 자기 암시를 의미하며, 결국 감정 통제를 뜻하는데 자신의 감정을 적절히 조절하여 학습이나 일에서 성과를 내는 데 활용할 수 있어요. 긍정적인 자기 암시를 계속하면 긍정적인 결과를 얻을 수 있다는 것이죠. 오바마가 대통령 후보였을 때 내세운 '우리는 할 수 있다.'라는 말은 개인적인 차원의 '나는 할 수 있다.'라는 말을 사회적, 국가적 차원에 인용한 거예요. 이로써 오바마는 미국 시민 전체에게 자신감을 북돋워 주었을 뿐 아니라 공감까지 이끌어 내, 그 결과 대통령 선거에서 승리할 수 있었어요.

오바마의 말하기 비법 1 자신의 실수를 솔직하게 인정하자

지금은 미국의 대통령이 된 오바마도 중고등학교 시절 한때는 불량 학생이었어요. 사춘기를 맞은 오바마는 흑인이라는 열등감 때문에 괴로워했어요. 그 당시에는 재혼한 엄마와 떨어져 살고 있었지요. 외가에서 지내던 오바마는 백인 외할머니가 흑인을 두려워한다는 말을 듣고 큰 충격을 받았어요. 자신도 흑인이기 때문이었죠.

오바마는 친구들과 어울려 술을 마시고 담배도 피우고 마리화나와 코카인도 했어요. 왜 자신이 백인이 아니라 흑인으로 태어났는지 불

만이 가득했어요. 하지만 오바마는 방황의 시기를 딛고 일어서 하버드 대학교에 들어가 로스쿨을 졸업하고 변호사가 되었어요. 어린 시절 누구나 한두 번쯤 방황을 할 수 있어요. 이때 불량 청소년이 되어 계속 나쁜 길로 빠지느냐, 새로운 모습으로 탈바꿈하느냐는 오로지 자신의 선택이라는 것을 오바마는 보여 주고 있어요.

 오바마는 자신의 사춘기 시절을 대통령 후보 연설에서 담담하게 고백했어요. 그것은 국민들에게 신선한 충격이었어요. 대마초나 마약은 대통령 선거 후보자의 도덕성과 관련이 있기 때문에 당선에 영향을 줄 수 있는 민감한 문제거든요. 하지만 오바마는 솔직하게 불량 청소년 시절을 고백함으로써 과거의 실수는 과거의 일로 끝난 것이고, 그 이후 어떻게 살았느냐가 중요하다고 강조했어요. 사람이라면 누구나 한두 번 실수할 수 있고 중요한 것은 실수를 통해 잘못을 깨닫고 다시는 그런 실수를 하지 않는 거라고 말이에요.

자신의 약점이나 결점, 좋지 않았던 경험을 고백하기란 쉽지 않아요. 그럼에도 불구하고 오바마는 자신의 실수를 당당하게 인정하고 거기에서 배운 교훈을 몸소 실천으로 보여줌으로써 오히려 사람들에게 공감을 얻을 수 있었어요. 실수를 인정하고 용서를 구하는 인간적인 모습, 그리고 그 실수를 성공으로 바꾸어 놓은 노력이 사람들의 마음을 움직인 거예요.

오바마의 말하기 비법 2 주변의 사례를 소재로 이야기하듯 말하자

말을 잘하는 사람은 어려운 문제나 이야기를 쉽게 풀어서 말할 수 있는 사람이에요. 친구들과 얘기할 때 소위 '잘난 척'을 하려고 어려운 단어를 자주 쓰는 사람이 있지요? 토론할 때 학문적인 용어를 자꾸 들먹이며 어렵게 이야기하는 사람도 있고요.

말이 어려우면 듣는 사람은 지루해지기 마련이에요. 그러면 듣기 싫어지고요. 반면, 아무리 어려운 이야기도 듣는 사람이 이해하기 쉽도록 쉬운 단어를 사용하고, 쉬운 예를 들어 가며 말하는 사람도 있어요. 이런 사람에게는 당연히 호감이 가게 되어 있어요. 이야기를 끝까지 듣고 싶어지고요.

특히 학생 회장이 되고 싶거나 정치인이 되는 게 꿈이라면 자신의 생각을 제대로 전달하는 게 아주 중요해요. 그렇게 하기 위해서는 아이들도 알아들을 수 있을 정도로 쉽게 말할 필요가 있지요. 오바마가 바로 그렇답니다. 오바마는 대통령 후보 연설을 할 때 가벼운 인사와 감사의 말로 시작했어요.

"먼저 이 무서운 한파에도 일리노이에서 여기 스프링스턴까지 와 주신 것에 감사드립니다. 여기까지 오신 이유는 단지 저를 보기 위해서가 아니라는 것을 저는 잘 압니다. 바로 미합중국의 가능성을 믿기 때문에 여기까지 오셨다는 걸요."

이런 말을 들으면 오바마를 보러 온 사람들은 열광하게 되겠지요? 오바마는 국민에게 이런 식으로 먼저 감사의 말을 하면서 앞으로 경제 문제 등을 발 벗고 해결하겠으니 자신을 믿고 지지해 달라고 연설했어요.

말을 할 때 전문적인 용어를 사용한다고 해서 똑똑하고 전문가처럼 보이는 것은 아니에요. 전문적인 용어를 사용해 유식하게 보이려고 하기보다 주변의 사례나 자신이 직접 겪은 일을 중심으로 마치 옆에 있는 친구에게 말하듯 쉽게 말한다면 예상 외로 듣는 사람의 공감을 쉽게 얻을 수 있어요. 오바마 대통령에게서 바로 이 점을 배울 수 있어요.

　오바마는 연설을 할 때 자주 자신을 키워 준 외할머니 이야기로 큰 박수를 받았어요.

"저는 사업으로 어려움을 호소하는 어느 여인의 이야기를 듣고, 단지 여자라는 이유로 오랫동안 승진을 못 하고도 비서직에서 중간 관리자까지 올라가신 제 외할머니를 떠올렸습니다. 제 외할머니는 저에게 열심히 일하는 것의 중요성을 가르쳐 주신 분입니다. 외할머니는 손자인 저라도 좀 더 나은 삶을 살게 하려고 새 차와 새 옷을 사는 건 항상 뒤로 미루셨습니다. 외할머니가 가진 것을 모두 저에게 쏟아부은 것이지요. 이제 외할머니는 연로하셔서 더 이상 여행을 못 하십니다. 하지만 오늘 밤 저를 보고 계신다는 것을 저는 알고 있습니다."

가족에 대한 추억 한두 가지는 누구나 간직하고 있기 때문에 연설을 듣는 사람들은 오바마와 동질감을 느꼈던 거예요. 공감할 수 있는 개인적인 경험을 말함으로써, 듣는 사람과의 거리를 좁혀 고개를 끄덕이게 만드는 것이 바로 오바마가 가진 장점이었어요.

 오바마의 말하기 비법 3 꿈과 희망을 주는 긍정적인 말을 하자

오바마는 어려운 상황에 있는 사람들과 대화할 때 꿈에 관해 자주 이야기했어요. 꿈은 바로 '긍정의 힘'을 갖게 해 주기 때문이에요. '아무리 해도 안 돼.' '나는 정말 재수가 없어.' '하는 일마다 실패야.'라는 말을 입버릇처럼 하는 사람들이 있어요. 이렇게 부정적이고 비관적인 말을 계속하면 결과도 그렇게 되는 경우가 많아요.

특히 리더가 되기 위해 수많은 사람 앞에서 토론이나 연설을 할 때 부정적이고 비관적인 말을 늘어놓는다면 듣는 사람은 힘이 빠지고 우울해질 거예요. 그 연설자를 떠올릴 때도 왠지 부정적인 이미지가 먼저 떠오를 테고요. 그렇다면 아무리 토론이나 연설 내용이 훌륭해도 지지를 얻기는 힘들어요.

리더라면 어렵고 힘든 시기에 좌절과 부정의 말보다는 용기와 위로를 주는 말, 그리고 꿈과 희망을 일깨우는 말을 해야 해요. 물론 말만 하는 게 아니라, 꿈과 희망을 실현하기 위해 몸소 노력하고 실행해야 하는 건 당연하고요. 이러한 자세는 우리가 일상생활에서 대화를 할 때에도 필요해요. 친구들 사이에서도 긍정적인 말을 하는 친구에게 더 좋은 느낌을 받으니까요.

오바마는 대통령 후보 연설 때도 항상 꿈과 희망을 전하는 말을 했어요.

"지금은 우리가 역사에 발자취를 남길 시간입니다. 우리가 미국 역사의 새로운 장을 열 시간입니다. 우리가 자녀들에게 우리가 자란 곳보다 더 자유롭고, 더 관대하며, 더 잘살고, 더 공정한 나라를 물려줄 시간입니다."

이렇게 오바마는 지금이 바로 미국이 다시 꿈꾸는 법을 배울 때라면서 인종 차별 없는 공정한 세상을 만들자고 강조했어요. 오바마는 남을 비방하거나 현실에 좌절하는 부정적인 말보다 긍정적이고 희망적인 말을 강조해, 국민에게 용기를 불러일으키고 세계 최강대국으로서의 자존감을 느끼게 해 주었어요. 힘들 때일수록 사람들에게는 꿈과 희망을 주는 말이 필요하고, 그게 바로 많은 사람의 마음을 움직일 비법이라는 걸 오바마는 잘 알고 있었던 거예요.

 **오바마의 말하기 비법 4** 중요한 메시지는 반복해서 강조하자

"우리가 불가능한 도전에 직면했을 때 누군가 우리에게 우린 준비가 안 됐다거나 제발 도전을 그만 하라거나, 또는 우리는 할 수 없다

고 말해 왔다. 하지만 미국인은 조상 대대로 그럴 때마다 단 한마디로 대답했다. 우리는 할 수 있어!"

오바마 대통령의 연설을 들은 국민은 신이 났어요. 경기 침체로 의욕을 잃어 가고 있을 때 오바마가 '우리는 할 수 있다.'라는 말로 자신감을 주었기 때문이에요. 오바마는 선거 때 모든 연설에서 '희망, 변화, 우리, 미국인'이라는 단어를 수십 번씩 반복해서 사용했어요. 미국인이 오바마의 연설에 매료된 것은 이런 반복되는 단어가 주는 기대와 자부심, 격려 때문이었어요.

오바마는 '그래, 우리는 할 수 있어(Yes, we can!)'를 연설 때마다 반복했어요. 나중에는 연설을 듣는 사람들도 이 말을 합창했어요. 오바마와 국민 모두가 하나되는 일체감을 느낄 수 있었던 거예요. 오바마는 '우리는 할 수 있어!'라는 말을 활용해서 새로운 문장을 만들었어요.

"우리는 기회와 번영을 만들 수 있다."
"우리는 이 나라를 치유할 수 있다."
"우리는 세상을 고칠 수 있다."

오바마는 항상 '우리는 할 수 있어!'를 외치며 연설을 끝맺었어요. 그러면 청중도 '우리는 할 수 있어!'를 외치면서 연설회장의 열기가 최고조에 이르렀어요. 가수가 콘서트에서 관객과 함께 후렴구를 부르며 한마음이 되듯이 연설에서도 마찬가지예요. 이런 문장을 함께 반복하다 보면 일체감을 느끼게 되고, 그런 마음이 그 후보를 지지하게 만드는 거예요.

여러분도 발표를 할 경우, 이렇게 강조하고 싶은 문장을 반복하면 자신의 생각을 효과적으로 전달할 수 있어요. 여러번 반복 된 메시지는 그 울림이 커서, 더 쉽게 공감을 이끌어 낼 수 있으니까요.

친근감으로 공감을 이끌어 내요

"오늘 나에게는 꿈이 있습니다. 흑인 소년, 소녀들이 백인 소년, 소녀들과 손을 잡고 형제자매처럼 함께 걸어가는 꿈입니다."

마틴 루터 킹 목사가 한 말이에요. 마틴 루터 킹 목사는 미국의 인종 차별에 대항해 흑인 인권 운동을 전개한 사람으로, 1964년에는 노벨평화상을 수상했어요. 마틴 루터 킹 목사의 이 말에는 미국의 흑인과 백인 사이의 인종 차별을 꼭 철폐하겠다는 염원이 담겨 있었어요.

미국은 백인과 흑인 사이의 인종 차별이 늘 사회적으로 문제가 되고 있기 때문에 오바마를 비롯한 수많은 정치인이 마틴 루터 킹 목사의 연설을 자주 인용해요. 오바마는 마틴 루터 킹 목사뿐 아니라 유명인의 연설을 조금씩 표현을 바꾸어 사용하곤 했어요.

또한 오바마는 연설할 때 '여러분'이라는 표현보다는 '교사, 학생, 주부, 맞벌이 부부, 회사원, 사장님, 할머니, 임시직 노동자' 등 구체적인 호칭을 사용했어요. 사람들은 자신의 이름이나 직업을 불러 줄

때 더 친근감을 느끼기 때문이에요. 오바마가 인종 차별이 심한 미국에서 흑인으로서 첫 대통령에 당선될 수 있었던 이유는 바로 이 친근감 있고 다른 사람의 공감을 이끌어 내는 연설의 힘 덕분이었어요.

오바마에게 배우는 말하기 3법칙
'공감력'을 이길 무기는 없다

1. 자신의 실수를 솔직하게 이야기해요

청소년 시절의 잘못을 대통령 후보 연설에서 담담하게 고백한 오바마처럼, 자신의 실수나 잘못을 솔직하게 인정해 보세요. 사람들은 잘못을 비난하기보다는 용기 있게 자신의 잘못을 인정한 모습에 격려를 보낼 거예요. 실수에 움츠러들지 말고 실수를 통해 더 나은 자신의 모습을 만들어 보세요.

2. 주변의 사례를 소재로 쉽게 이야기해요

말을 할 때 어려운 단어를 많이 사용한다고 해서 똑똑해 보이진 않아요. 오히려 어려운 주제일수록 쉬운 단어를 써서 이야기하는 것이 중요하지요. 말하기는 나의 지식을 뽐내는 것이 아니라, 사람들의 공감을 얻는 게 목적이니까요. 사람들이 공감할 수 있는 쉬운 예를 들어 말한다면 더 많은 공감을 얻을 수 있어요.

3. 희망을 주는 긍정적인 말을 해요

친구와 함께 어려운 숙제를 풀어야 할 때, '안 될 거야', '어려워'라고 말하는 친구와, '잘 될 거야', '생각보다 어렵지 않아'라고 말하는 친구가 있다면 어떤 친구와 같이 숙제를 하고 싶을까요? 아마 긍정적인 말을 하는 친구에게 더 끌릴 거예요. 희망을 주는 긍정적인 말은 사람 마음까지 움직인다는 걸 기억하세요.

4. 중요한 내용은 반복해서 강조해요

연설 때마다 '우리는 할 수 있어!'를 반복했던 오바마처럼, 자신의 생각을 발표할 때 강조하고 싶은 부분은 여러 번 반복해서 말해 보세요. 듣는 사람에게도 어느새 강조하는 말이 익숙해져 훨씬 효과적으로 자신의 생각을 전달할 수 있을 거예요.

유머의 달인, 윈스턴 처칠

　영국 총리를 두 번이나 지낸 윈스턴 처칠은 제 2차 세계 대전을 승리로 이끌어 세계사의 한 페이지를 장식한 인물이에요. 처칠의 리더십은 바로 명연설에서 나왔는데요, 처칠의 연설을 더욱 빛낸 건 바로 유머와 위트였어요. 한번은 국회의원들이 처칠의 못생긴 얼굴을 물고 늘어지자 처칠은 재치 있게 대처했어요. '갓 태어난 아기들은 다 나처럼 생겼답니다.'라는 말에 모두 웃지 않을 수 없었지요.

　처칠은 하원 의원을 지낸 아버지가 더 훌륭한 정치인으로 성공하지 못한 것을 교훈 삼아, 자신과 정치적으로 반대편에 서 있는 사람들에게도 유머와 기지를 잃지 않았어요. 결국 아버지는 재무장관에 머물렀지만 처칠은 두 번이나 총리를 지냈고 여섯 개 부처의 장관을 지낼 수 있었어요.

제 2차 세계 대전 문제로 처칠은 미국의 프랭클린 루스벨트 대통령과 워싱턴에서 회담을 가진 적이 있어요. 호텔에서 목욕을 마친 뒤 몸에 수건을 두르고 거실로 나왔는데, 갑자기 루스벨트가 찾아왔어요. 처칠은 놀라서 몸에 두른 수건을 떨어뜨려 알몸이 되었어요. 난처해진 처칠은 '영국 수상은 미국 대통령에게 아무것도 감추는 것이 없습니다.'라는 말로 상황을 모면했다고 해요. 정말 '유머의 달인'답죠?

위기의 순간을 재치있게 넘기는 데 유머만큼 좋은 게 없어요. 이렇듯 유머는 즉각적으로 하는 말이지만 누구나 쉽게 할 수 있는 건 아니에요. 평소에 독서를 하면서 자신의 내면을 풍부하게 살찌워야 가능하지요. 처칠이 다른 정치인과 달리 유머를 잘 활용한 것도 방대한 독서 덕분이었음은 두말할 나위가 없어요.

처칠의 말하기 비법 1 국어 공부는 소홀히 하지 말자

윈스턴 처칠의 아버지 랜돌프 처칠은 영국 정치계의 거물이었어요. 그러나 어린 윈스턴 처칠은 달랐어요. 처칠의 집에 찾아오는 사람마다 처칠을 보고 이렇게 말했어요.

"어머, 저 애는 꼴찌 처칠 아니야!"

당시 처칠은 영국의 명문 사립학교인 해로우스쿨 1학년에 다니고 있었는데, 최하급 반에 있었어요. 처칠은 초등학교부터 고등학교를 졸업할 때까지 늘 꼴찌였어요. 학교생활에 적응하지 못한 처칠은 심지어 언어 장애까지 생겨 말도 더듬었어요. 한번은 학교 사감이 부모님에게 다음과 같은 편지를 보냈어요.

"윈스턴이 점점 더 나빠지고 있습니다. 계속 수업에 지각하고 교과서를 잃어버리며 제멋대로 행동하는 게 습관이 되었습니다. 막무가내인 성격을 고치지 않는다면 학교에서 버텨 내지 못할 겁니다. 능력을 보면 일등을 해야 할 텐데 바닥을 면치 못하고 있습니다."

그런데 이 아이가 훗날 영국의 총리가 된 거예요. 그러니 여러분도 지금 당장 학교 성적이 안 좋다고 비관할 필요가 없겠죠?

그러나 꼴찌 처칠도 잘하는 게 있었어요. 영어, 즉 모국어만은 재미있게 공부했고 성적도 좋았어요. 우리나라로 치면 국어 과목에 해당하겠죠. 선생님 사이에서 처칠은 '오직 영어밖에 못 하는 머리 나쁜 학생'으로 유명했어요. 그리스 어 시간에도 영어 공부를 할 정도였으니까요. 처칠이 영어를 잘한 이유는 선생님 덕분이었어요. 영어 선생님은 상상력이 풍부한 교육 방법으로 항상 재미있게 수업을 했거든요. 특히 문법을 잘 가르쳐 준 영어 선생님 덕분에 처칠은 나중에 다른 친구들의 영어 숙제를 도와줄 정도였어요.

20대부터 저술가로서 명성을 떨친 처칠은 나중에 《제 2차 세계 대전 회고록》으로 노벨문학상까지 받았어요. 그 비결은 바로 학창 시절에 모국어 공부를 열심히 한 덕분이었어요.

처칠의 말하기 비법 2 책 속 문장을 메모하고 외우자

책을 읽다가 마음에 드는 문장을 메모하고 외워 두면 논술이나 연설문 등의 글을 쓸 때 요긴하게 활용할 수 있어요. 처칠의 아버지는 에드워드 기번이 쓴 《로마 제국 쇠망사》라는 역사책을 즐겨 읽었어요. 재무 장관을 지낸 아버지는 연설할 때마다 《로마 제국 쇠망사》를 자주 인용했어요. 처칠의 아버지는 책의 어느 페이지에 어떤 문장이 있는지까지 외울 정도로 이 책을 많이 읽었고, 연설을 하거나 글을 쓸 때면 늘 이 책을 참고했어요.

처칠은 아버지처럼 《로마 제국 쇠망사》를 읽으면서 마음속에 새길 만한 글이 나오면 외우고 또 외웠어요. 더불어 처칠은 마키아벨리가 지은 《군주론》도 즐겨 읽었어요. 친구들에게도 자주 이 책을 선물할 정도였어요. 아버지가 즐겨 읽으며 암송한 《로마 제국 쇠망사》를 출발점으로 삼고 《군주론》을 보면서 정치가에게 필요한 리더십을 키운 거예요.

또한 처칠은 인용구를 노트에 옮겨 적는 습관도 있었어요. 좋은 글을 많이 읽고 좋은 문장을 많이 외워 놓으면 그만큼 좋은 글을 쓸 수 있고 좋은 연설을 할 수 있어요. 처칠이 나중에 정치가로, 뛰어난 연설가로 이름을 날릴 수 있었던 것은 책을 읽으면서 외우고 적어 둔 문장들이 큰 위력을 발휘했음은 두말할 나위가 없어요.

고등학교 때까지 늘 꼴찌를 도맡았던 처칠이지만, 육군사관학교에 들어가서는 달라졌어요. 졸업할 때 150명 중에 8등을 했거든요. 그리고 군인을 거쳐 영국 총리에 올랐고 세계적인 지도자로 우뚝 설 수 있었어요.

처칠의 말하기 비법 3 단점을 극복할 자신만의 무기를 찾자

요즘 '못생긴 건 용서할 수 있어도 키 작은 건 용서할 수 없다.'라는 우스갯소리가 있잖아요. 키를 중시하는 것을 영어로는 '하이티즘

(hightism)'이라고 하는데, 물론 하이티즘에는 아무런 과학적 근거가 없어요. 단지 키가 큰 사람이 사회생활이나 인간관계에서 유리할 거라는 선입견에 불과해요. 세상을 뒤흔든 리더 중에는 오히려 키가 작은 사람이 더 많아요.

처칠은 160센티미터의 키에 뚱뚱하고 대머리였어요. 태어날 때는 두 달 먼저 나온 조산아였고 청소년 시절까지 짧은 혀 때문에 늘 말을 더듬어 토론이나 연설에는 자신이 없는 아이였어요. 그렇지만 처칠은 밤 새워 문장을 통째로 외우는 눈물겨운 노력 끝에 연설의 달인이 되었어요.

혀가 짧아 말을 더듬기 일쑤였던 처칠은 자신의 단점을 오히려 장점으로 바꾸었어요. 처칠은 말을 잘하는 다른 사람들처럼 처음부터

유창하게 말하려 하지 않았어요. 대신 짜임새 있는 원고를 만들기 위해 노력했어요.

특히 연설문에서는 최대한 짧은 문장을 쓰면서 비유법을 적절하게 사용했어요. 《로마 제국 쇠망사》에 나오는 문장을 암송하고 연구하면서 배운 격조 높은 어법이었죠.

처칠은 '생각을 적당한 길이로 줄이지 않는 것은 게으르기 때문이다.'라고 말하면서 메시지를 설득력 있게 전하기 위해서는 무엇보다 '문장을 간결하게 만들라.'라고 조언해요. 연설을 잘하고 싶다면 처칠의 이 원칙을 한 번쯤 흉내 내 보세요.

또한 처칠에게는 '연설 코치'가 있었어요. 아무리 훌륭한 사람이라도 부족한 부분이 있으면 배워야 해요. 처칠은 미국의 정치인이자 변호사 윌리엄 파크 코크란에게 연설 스타일을 배웠어요. 처칠은 코크란의 화려한 연설 스타일을 그대로 흉내 냈지요. 훗날 '처칠 식' 연설로 불린 화려한 스타일은 이렇게 탄생한 거예요.

처칠의 말하기 비법 4 **나만의 글쓰기 원칙을 정하자**

처칠은 아무리 바빠도 책을 읽지 않는 날이 하루도 없었어요. 식사를 한 뒤에는 반드시 침대에 비스듬히 누워 책을 읽었어요. 이 습관은 평생 변함이 없었어요. 군대에 가서도 틈만 나면 책을 읽었어요. 역사와 인물의 전기를 좋아했던 처칠은 책을 통해 수많은 역사적 사건을 접하며 누구보다 역사적 상상력이 풍부해졌어요.

처칠은 《제 2차 세계 대전》이라는 책으로 노벨문학상을 받기도 했어요. 덕분에 처칠의 연설문에는 특유의 상상력과 생생한 비유가 두드러져요. 적절한 비유를 사용하면 어려운 이야기도 훨씬 쉽게 전달할 수 있으니까요.

처칠은 훌륭한 연설문을 쓰기 위해서는 '정확한 용어'가 가장 중요하다고 말했어요. 좋은 연설문을 쓰려면 청중을 설득하는 데 알맞은 단어를 끊임없이 골라야 한다는 뜻이에요. 처칠은 짧은 단어를 좋아한 반면에 긴 단어는 거의 사용하지

않았어요. 영국의 위대한 연설가들은 짧고 평범한 단어를 선호한다는 것을 알았기 때문이에요.

또한 처칠은 짧은 단어들이 리듬감 있게 들릴 수 있도록 연설문을 썼어요. 노래도 리듬이 중요하듯이 연설도 리듬을 살리지 않으면 설득력이 떨어질 수밖에 없어요.

토론회나 강연회에서 간접 경험을 쌓아요

처칠의 아버지는 재무 장관을 지낸 보수당의 유력한 정치인이었기 때문에 어린 시절 처칠의 집에는 유명 정치인들이 자주 드나들었어요. 처칠은 어른들의 식사 자리에 자주 함께했고, 그 자리에서 어른들이 주고받는 이야기를 들을 수 있었지요. 물론 아버지는 처칠이 나서서 말하는 것은 금지했어요.

처칠은 정치인의 모임에서 뜻을 같이하는 사람들과 반대편에 선 사람들이 국가의 중요한 문제를 놓고 의견을 나누는 모습을 보며 자란 거예요. 그때 어린 처칠은 국가에는 지켜야 하는 규율이 있으며 아무리 사소한 행동이라도 정치인에게는 문제가 될 수 있다는 것을 깨달았어요. 정치인이 되면 신중하게 말하고 신중하게 행동하는 것이 얼마나 중요한지를 일찍부터 배웠던 거죠.

또 처칠은 국회의사당에서 열리는 국회의원의 대토론을 자주 방청했어요. 국회의원은 연설과 토론을 잘하는 명수들이어서 그들의 토론을 지켜보는 것만으로 흥분이 되었어요. 때로는 국회의원들이 서로 거칠게 응수하며 연설하는 모습도 봤어요. 한번은 몹시 흥분한 국회의원이 이치에도 맞지 않은 답변을 했어요. 그때 처칠은 토론할 때 지나치게 흥분하면 안 된다는 것을 배웠어요. 토론 분위기가 과열되었다 싶으면 농담을 하거나 화제를 바꿀 필요가 있다는 것도요. 연설을 잘하는 정치가의 연설을 보는 것만으로도 훌륭한 '연설 교본'이 된 거예요.

요즘에는 이곳저곳에서 강연회가 많이 열려요. 여러분도 자신이 존경하는 사람이 강연을 하면 직접 가서 강연을 듣는 기회를 만들어 보세요. 처칠은 '책을 읽지 않으면 만지기라도 하라.'라며 책과 가까이 하기를 권했는데, 처칠이 이렇게 독서의 중요성을 강조한 건 그 안에 수많은 사례가 담겨 있기 때문이에요. 다양한 사례를 많이 접하면 임기응변에 능해질 수 있으니까요. 즉 강연회를 통해 경험을 쌓는 것 역시 자신이 생각하지 못한 의견을 들을 수 있고 세상을 보는 눈도 키울 수 있는 좋은 기회가 돼요. 또 자신이 미래에 어떤 사람으로 살아갈지 고민해 보는 기회도 될 수 있고요.

처칠에게 배우는 말하기 4법칙
'독서'를 이길 무기는 없다

1. 국어 공부를 소홀히 하지 않아요

학교에서 늘 꼴찌를 도맡아 하던 처칠이 20대부터 저술가로 유명해질 수 있었던 것은 모국어 공부만은 소홀히 하지 않았기 때문이에요. 말을 조리 있게 잘하려면 무엇보다 국어 실력이 뒷받침되어야겠죠? 말하기의 기본은 탄탄한 국어 실력이라는 걸 잊지 마세요.

2. 읽은 내용을 메모하고 외워요

학창 시절 늘 꼴찌에 말까지 더듬던 처칠이 훌륭한 연설가가 된 또 한 가지 비법은 책을 읽으며 마음에 와 닿는 부분을 기록하고 외우는 습관이었어요. 《로마 제국 쇠망사》와 《군주론》을 외우다시피 했던 처칠처럼 여러분도 평소 자신이 좋아하는 책을 기록하고 외워 뒀다가 말하기에 적절히 사용해 보세요.

3. 단점을 극복할 나만의 비법을 찾아요

혀가 짧아 말을 더듬기 일쑤였던 처칠은 자신의 단점에 좌절하지 않았어요. 오히려 연설문을 최대한 짧은 문장으로 구성해 자신이 잘 말할 수 있는 원고로 만들었지요. 남들처럼 유창하게 말하는 게 목표였다면 처칠은 금방 실패하고 말았을 거예요. 자신의 단점을 탓하거나 남을 부러워하기보다 생각을 바꿔 단점을 장점으로 바꾸는 게 중요해요.

4. 나만의 글쓰기 원칙을 정해요

처칠의 연설문은 방대한 독서량에서 나온 생생한 비유와 특유의 상상력이 특징이었어요. 또한 자신이 말하기 쉬운 짧은 단어를 선호한 것도 하나의 특징이었죠. 이렇게 자신의 장점과 단점을 잘 파악하여 자신만의 글쓰기 원칙을 정하면 무엇보다 강한 무기가 될 거예요.

발표 문화를 바꾼 잡스의 파워포인트

　스티브 잡스는 1976년 최초로 개인용 컴퓨터를 만들어 누구나 컴퓨터를 가질 수 있는 꿈을 실현시켰어요. 잡스는 고등학교 때 임시직으로 일했던 휴렛팩커드(HP)에서 만난 스티브 워즈니악을 다시 만나 1976년 애플을 창업했어요. 잡스는 1980년 25세 때 이미 백만장자가 되었는데, 1986년에 백만장자가 된 마이크로소프트 사의 빌 게이츠보다 5년이나 앞선 것이었어요. 그래서인지 빌 게이츠는 잡스를 만나 보더니 '저 친구 정말 대단해. 장사하는 기술이 장난이 아니야!'라고 말했다고 해요.

　스티브 잡스를 더욱 유명하게 만든 건 장사의 기술뿐 아니라 '발표의 기술'이었어요. 잡스가 신제품을 소개할 때 가장 잘 활용한 방법은 파워포인트를 활용한 프레젠테이션이었어요. 잡스의 발표는 굉장히 독창적이고 열정적이어서 사람들은 '잡스식 프레젠테이션'이라는 표현을 썼어요.

아이팟이나 아이폰, 아이패드를 내놓을 때마다 잡스는 수많은 청중 앞에서 제품 홍보를 위한 발표를 했어요. 물론 파워포인트를 이용했죠. 잡스가 직접 하는 프레젠테이션에는 항상 수많은 관객이 참석했어요. 무대에서 제품을 소개하는 모습이 마치 한 편의 드라마나 연극을 보는 것처럼 감동적이기 때문이에요. 어느덧 잡스에게는 '발표의 달인'이라는 별명이 따라다녔지요.

심지어 전 세계 직장인이 잡스식 발표를 모방하고 흉내 낼 정도예요. 잡스의 프레젠테이션은 파워포인트를 활용한 발표의 교과서라고 불려요. 흔히 파워포인트의 한 화면에 많은 내용을 빼곡히 담기도 하는데, 잡스는 하나의 단어나 하나의 문장, 하나의 사진만으로 한 화면을 구성해요. 단순함 그 자체였어요. 이렇듯 여러 내용을 빼곡히 담는 것보다 최대한 단순하게 내용을 구성하는 게 더 효과적인 전달 방법이에요.

파워포인트를 이용하면 자신이 발표하고자 하는 내용을 일목요연하게 담을 수 있고 사진이나 동영상도 올릴 수 있어요. 이제는 대학이나 직장에서도 파워포인트로 발표하는 게 필수가 되고 있어요. 영어나 수학 공부도 중요하지만 초등학교 때부터 파워포인트와 친해지고 특히 발표력을 키워야 하는 이유가 여기에 있어요.

가족 여행을 다녀온 뒤 파워포인트로 여행기를 만들어 부모님 앞에서 발표해 보는 것도 발표력을 키울 수 있는 좋은 방법이에요. 파워포인트는 이제 발표의 필수 '무기'니까요.

잡스의 말하기 비법 1 좋아하는 음악과 함께하자

잡스는 2007년 아이폰 프레젠테이션 무대에 힘찬 음악과 함께 등장했어요. 조명이 어두워지고 잡스가 스포트라이트를 받으며 연단에 올랐어요. 잡스는 어깨를 으쓱하더니 부드러운 말투로 중간 중간 자기가 가장 좋아하는 미국의 가수 밥 딜런의 노랫말 '시대가 변해 가네'를 인용해 연설을 시작했어요. 잡스의 강렬한 존재감과 매혹적인 카리스마, 그리고 열정적인 자세가 청중을 사로잡았죠.

무슨 일이든 열정적인 모습이 매우 중요해요. 사람들은 그런 모습에서 진정성을 느끼거든요. 밥 딜런의 노래는 잡스에게 위안과 용기를 주었어요. 잡스는 목표를 이루고 꿈을 향해 나아갈 때도 좋아하는 음악을 들었고 또 낙심하고 상처를 받을 때도 음악을 들으며 용기와 위안을 얻었어요.

밥 딜런의 노래 중에 잡스는 다음 가사를 특히 좋아했어요.

'갓 싹튼 변화를 섣불리 규정하지 말지어다. 지금의 패자들은 훗날 승자가 되리니. 시대는 변하고 있으므로.'

잡스는 믹 재거의 음악도 좋아했어요. 믹 재거는 '언제나 원하는 것을 얻을 수는 없다. 필요한 것을 얻어야 할 때도 있다.'라는 말을 했어요. 세상일이 늘 내가 원하는 대로 되지는 않는다는 뜻이에요. 잡스는 자신이 창업한 애플에서 쫓겨난 적도 있었는데, 이때 영국의 가수 믹 재거의 노래를 떠올리며 다시 용기를 얻었어요.

　여러분도 열심히 하던 일이 잘못되었다고 결코 실망할 필요가 없어요. 용기를 내 도전하면 다시 승자가 될 수 있어요. 발표할 때 음악을 활용해 보는 것도 좋아요. 잡스처럼 자신이 좋아하는 음악에 맞춰 연단에 올라가 자신 있게 발표해 보세요.

잡스의 말하기 비법 2　이미지를 활용해 핵심 내용을 전달하자

　"노란색 서류 봉투에 들어가는 노트북입니다."
　2008년에 맥북에어를 처음 소개하는 프레젠테이션에서 스티브 잡스가 한 말이에요. 맥북에어는 그 당시 '세상에서 가장 얇은 노트북'이었어요. 잡스는 이를 강조하기 위해 서류 봉투에 담긴 맥북에어 사진 한 장만 프레젠테이션 화면에 담았어요. '노란색 서류 봉투에 들어갈 정도로 얇은 노트북'이라는 메시지를 전달하기 위해서죠.
　복잡한 제품을 설명하기 위해 여러 페이지에 걸쳐 장점과 특성을 제시했다면 듣는 사람들은 이내 지루해져 하품을 했을 거예요. 분위기가 산만해지면 되돌리기가 쉽지 않아요. 그러나 사진과 같은 이미지나 동영상을 이용해 핵심 내용을 전달하면 훨씬 더 쉽게 사람들을 집중하게 만들 수 있어요.
　파워포인트로 발표 자료를 만들 때는 한 페이지에 다양한 정보를 담는 방법과 한 가지 자료만 압축해서 전달하는 방법이 있어요. 만드는 사람의 취향에 따라 다르기 마련이죠. 그런데 잡스는 한 페이지에 아주 간결한 문장이나 사진, 동영상만으로 구성을 해요. 그리고 그게 '잡스 스타일'이 되었어요.

잡스의 말하기 비법 3 발표할 내용은 3단계로 구성하자

발표할 때는 앞부분에서 핵심 내용을 간결하게 이야기한 뒤, 이어서 주요한 내용을 소개하는 방식이 좋아요. 잡스는 프레젠테이션을 정식으로 시작하기에 앞서 먼저 핵심 주제를 간략하게 이야기하고 본론에 들어가는 방식을 써요.

예를 들어 '제가 가장 먼저 말씀드릴 내용은 음악 산업에 대한 새로운 소식입니다.'와 같이 먼저 핵심 주제를 이야기해요. 이 말을 들은 청중은 잡스가 앞으로 음악 산업에 관련된 애플의 새로운 제품을 이야기할 것이라 예상하고 이에 대한 호기심을 갖게 되는 거죠.

이게 바로 3막의 '도입부'에 해당하는 부분이에요. 잡스는 발표를 할 때 3막으로 구성해요. 3막 구성이란 글을 쓸 때 '서론, 본론, 결론'으로 나누어 쓰는 것처럼, 연설이나 발표도 3단계로 나눠 진행하는 것을 말해요.

'항상 갈망하고, 바보처럼 우직해라.'

2005년 6월 스탠포드 대학교 졸업식 축사에서 잡스가 한 말이에요. 잡스는 이 연설도 3막으로 구성했어요. 1막의 내용은 '출발과 노력'의 중요성이었는데, 잡스는 이를 '점을 잇는 일'로 표현했어요. 그냥 출발이나 시작이라고 하면 호기심을 불러일으키기에 부족한 감이 있기 때문에 잡스는 출발과 시작, 노력의 중요성을 빗대어 '점을 잇는 일'이라고 표현한 거예요. 연결되지 않을 듯 보이는 일들도 서로 밀접하게 관계를 짓게 하면 좋은 결과를 만들어 낼 수 있다는 내용이에요.

잡스는 자신이 리드칼리지에서 청강으로 서체 공부를 한 사례를 들었어요. 서체 공부를 할 때는 그저 좋아서 한 것이지, 이게 자신에게 어떤 도움이 될지 전혀 알 수 없었어요. 그러나 정확히 10년 뒤 잡스가 매킨토시를 디자인할 때 서체를 공부한 게 결정적인 도움을 주었어요. 10년 전의 공부가 10년 후 잡스의 일에 큰 기여를 한 것이죠.

잡스가 이어 말한 주제는 '사랑과 상실'이었어요. 잡스는 자신이 직접 만든 '애플'에서 1985년 쫓겨난 적이 있어요. 잡스는 애플을 창업하고 그 애플에서 쫓겨나 다시 애플에 복귀하기까지의 과정을 사랑과 상실로 표현했어요. 그게 2막의 내용이었어요.

3막의 주제는 '죽음과의 투쟁'이었어요. 잡스가 2005년 스탠포드 대학교에서 연설할 때 이미 잡스는 췌장암을 앓고 있었어요. 잡스는 암으로 죽음에 직면해서야 살아 있는 시간의 중요성을 절감했다고 했어요. 잡스는 '항상 무언가를 갈망하고 우직하게, 불가능해 보이는 도전을 하면서 꿈을 꿔라.'라며 연설을 마무리했어요. 이게 잡스가 말하려고 한 결론이었어요.

사람들은 3단계로 구성된 것에 아주 익숙해요. 논술을 비롯한 글쓰기에서도 '서론, 본론, 결론'의 3단계 구성이 많잖아요. 연설이나 발표도 마찬가지예요. 여러분도 발표의 내용을 3단계로 나눠 구성하거나 세 가지로 압축해서 발표해 보세요. 더 쉽게 청중의 관심을 끌 수 있고 더 큰 박수를 받을 수 있을 거예요.

잡스의 말하기 비법 4 마지막에 한 번 더 호기심을 유발하라

마무리가 중요하다는 말은 아무리 강조해도 지나치지 않아요. 잡스는 프레젠테이션을 할 때 한편의 드라마와 같이 구성하고 극적으로 마무리를 해서 더 큰 감동을 줘요. 청중의 머릿속에 깊이 각인되는 순간이 바로 마무리 시간이기 때문이죠.

잡스는 발표가 끝날 무렵, 청중이 끝났다고 느낄 즈음 뜻밖의 게스트를 등장시키기도 해요. 또한 3막으로 구성을 하더라도 마지막에 극적으로 '한 가지 더'라는 코너를 만들어요. 그때 가장 중요한 뉴스를 터뜨려 반전을 주기 위해서죠. 청중이 아무 기대도 하지 않는 순간을 노려 한 번 더 제품이나 회사에 대한 흥미를 불러일으키면서 발표를 마무리하는 거예요. 말하자면 3단계 발표에 마지막으로 보너스를 하나 더 추가하는 이른바 '3+1 발표'라고 할 수 있어요.

잡스가 즐겨 쓰는 이 방식은 '놀라움 전략'이라고 말할 수 있어요. 잡스가 이렇게 드라마 같은 극적인 연출을 하는 이유는 청중들이 '의외성'을 좋아하기 때문이에요.

트레이드마크를 만들어요

스티브 잡스는 발표 때마다 이른바 '잡스 룩'을 입고 프레젠테이션을 했어요. '잡스 룩'은 잡스가 프레젠테이션 때마다 항상 같은 옷, 같은 스타일을 고집해 붙여진 말이에요. 잡스는 검은색 터틀넥 셔츠에 물이 빠진 리바이스 청바지, 뉴발란스 운동화만 고집했어요. 사람들은 잡스의 패션을 보고 젊음과 창의적이고 자유로운 이미지를 느낄 수 있었어요. 잡스 룩은 잡스 프레젠테이션의 또 하나의 특징이에요. 잡스의 터틀넥 셔츠와 관련해서 하나의 일화가 있어요. 어느 날 잡스는 자신이 즐겨 입는 '미야케 이세이'의 검정 셔츠를 추가로 구입하기 위해 뉴욕의 미야케 이세이 사무실로 전화를 걸었어요. 하지만 그 제품은 이미 재고가 없을 뿐더러 더 이상 제작되지 않았다고 해요. 결국 잡스는 미야케 이세이 직원들을 자신이 있는 실리콘 밸리까지 불러 같은 패턴과 실로 만든 셔츠를 추가 주문하는 데 성공했어요. 잡스의 집에는 미야케가 만들어 준 터틀넥이 수백 벌이나 있었다고 해요.

잡스는 1997년 애플에 복귀하면서부터 터틀넥을 입고 프레젠테이션을 하기 시작했어요. 이때부터 터틀넥은 잡스의 트레이드마크가 됐어요.

요즘을 이미지의 시대라고 하지요? 발표할 때 내용도 중요하지만 어떤 모습으로 발표하느냐도 중요해요. 진지한 발표를 하는데 우스꽝스러운 옷을 입는다면 발표의 진실성을 의심받을 수 있으니까요. 잡스가 청바지에 검은색 셔츠, 운동화를 고집한 것은 자신만의 독특한 이미지를 심어 주기 위해서였어요. 애플이 그만큼 창의적이고 자유로운 생각을 바탕으로 한다는 것을 전하고 싶었던 거지요. 여러분도 자신의 개성을 한껏 드러내는 스타일로 나만의 독특한 이미지를 만들어 보세요.

잡스에게 배우는 말하기 5법칙
'개성'을 이길 무기는 없다

1. 좋아하는 음악으로 긴장을 풀어요

발표에 앞서 긴장을 하는 건 누구나 마찬가지예요. 그럴 때 평소 즐겨 듣던 음악이 도움이 될 수 있어요. 잡스처럼 음악과 함께 무대에 등장할 상황이 안 된다면, 발표 전에 음악을 들으며 마음을 가라앉히는 것도 좋은 방법이에요.

2. 이미지를 활용해 발표해요

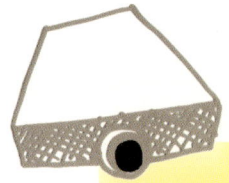

파워포인트를 이용하면 발표를 더 효과적으로 할 수 있어요. 특히 잡스의 프레젠테이션 기법을 활용해 이미지 중심의 발표 자료를 만들어 보세요. 복잡한 자료나 설명보다 하나의 강렬한 이미지가 사람들 머릿속에 더 오래 남는 법이니까요. 발표의 중심이 되는 이미지나 동영상으로 사람들의 눈길을 사로잡았다면 발표는 이미 성공한 거나 다름없어요.

3. 발표 내용은 3단계로 구성해요

사람들은 3단계로 구성된 것에 익숙해요. 우리가 글을 쓸 때도 '서론, 본론, 결론'의 3단계로 쓰는 것과 마찬가지예요. 발표를 할 때도 이처럼 내용을 3단계로 나누거나 세 가지로 주제를 요약하면 듣는 사람에게 더 효과적으로 전달할 수 있어요.

4. 개성 있는 마무리를 준비해요

잡스는 발표가 끝날 때쯤 꼭 '한 가지 더'라는 코너를 준비해 청중의 주위를 다시 한 번 끌었어요. 다 끝난 줄 알고 있던 사람들은 마지막 한 가지에 다시 눈길을 뺏겼어요. 이처럼 의외의 이벤트를 준비하는 것도 발표에서 강렬한 인상을 남기는 좋은 방법이에요.

영향력, 신뢰도 1위 언론인

요즘은 '말하기가 경쟁력'이라고 할 정도로 학교에서는 물론 각종 말하기 강좌가 붐을 이루고 있어요. 면접이나 학교 수업 시간의 프레젠테이션, 직장에서의 회의까지 '말하기' 능력이 점점 중시되고 있기 때문이에요.

그렇다면 말하기에서 가장 중요한 것은 무엇일까요? 그것은 바로 '경청'이에요. 대화나 토론을 잘하기 위해서는 먼저 상대방의 생각을 파악하는 게 중요하기 때문이죠. 그래서 말하기와 경청은 동전의 양면에 비유할 수 있어요. 남이 하는 말은 듣지 않고 자신의 말만 늘어놓는다면 그것은 토론이 될 수 없으니까요.

우리나라 언론인 중 영향력과 신뢰도에서 1위로는 꼽히는 사람은 손석희예요. 손석희는 MBC 아나운서 출신으로 MBC '100분 토론'과 MBC 라디오 '손석희의 시선집중'을 진행했고, 지금은 JTBC 뉴스를 진행하고 있어요. 손석희가 신뢰받는 아나운서이자 아나운서 지망생들의 역할 모델이 되고 있는 것은 그만큼 본받을 만한 모습을 많이 보여 주기 때문인데요. 그 비결이 바로 '경청'의 기술에 있어요.

경청이란 상대방이 무슨 말을 하는지 귀 기울여 잘 듣는 것을 말해요. 다른 사람이 말을 하는데 엉뚱한 곳을 바라보거나 말을 가로막고 자신이 하고 싶은 말만 하거나 상대방의 말을 아예 무시하는 듯한 표정을 짓는다면 어떨까요? 상대방은 불쾌한 기분이 들 테고 무시당했다는 생각마저 들 수 있어요. 여러분도 친구와 얘기하는데 친구가 딴짓을 한다면 말할 기분이 나지 않잖아요.

더욱이 자신이 발표할 때 듣는 사람이 자꾸 옆 사람과 이야기를 하거나 자기 마음대로 행동한다면 굉장히 힘들어져요. 그런 사람은 자신의 주장만 일방적으로 내세우거나 자신의 생각을 다른 사람에게 강요하는 일이 많기 때문이죠.

'토론의 팔 할(80%)은 경청이 좌우한다.'라고 해요. 토론의 힘은 듣는 기술에서 나온다는 '경청의 중요성'을 잘 표현한 말입니다.

손석희의 말하기 비법 1 토론에서 흥분하지 마라

토론이나 방송에서 진행자로서 가장 중요한 점은 평점심을 잃지 않는 자세예요. 특히 토론에서 평정심을 유지하며 상대방을 제압하기 위해서는 '사실'에 근거해서 말하는 게 중요해요. 뉴스 앵커뿐 아니라 손석희가 방송 토론과 라디오 시사 프로그램에서 진행자로 인기와 명성을 한 몸에 얻을 수 있었던 비결이 바로 '사실'에 근거해 접근하면서 결코 감정에 휘둘리지 않았다는 점이에요.

여러분도 친구와 이야기하다가 감정이 격해질 때가 있지요? 사람이면 누구나 쉽게 흥분할 수 있어요. 하지만 방송을 진행할 때나 공개 토론회에서 흥분은 금물이에요. 아무리 말을 잘하고 내용이 좋아도 흥분해서 감정적으로 말하면 낙제점을 면할 수 없어요. 감정적이고 흥분을 잘하는 사람의 말은 신뢰도가 떨어지기 때문이죠.

예를 들어 회장 선거에서 후보자가 큰 소리로 윽박지르거나 상대의 말은 무시하고 자기 말만 늘어놓는다면, 게다가 흥분까지 잘 한다면 결코 그 친구를 뽑고 싶지 않겠지요. 사실에 근거해서 말하는 게 중요한 이유가 여기에 있어요. '사실'에 근거해서 잘못된 것을 지적한다면 상대방도 이를 '비판'으로 받아들이고 수긍하겠지만, '사실'에 근거하지 않고 흥분해서 감정을 앞세워 말한다면 상대는 이를 '비난'으로 받아들일 수 있어요. '비판'과 '비난'은 사실에 근거해서 말하느냐에 달려 있어요.

　손석희를 역할 모델로 삼아 미래의 방송 아나운서를 꿈꾸는 학생이라면 사실에 근거해서 말하고 흥분하지 않아야 한다는 점을 꼭 명심하세요.

손석희의 말하기 비법 2 토론 준비는 철저히 하라

　MBC 라디오 '손석희의 시선집중'에서 손석희는 '다케시마(독도의 일본 명칭)의 날' 제정 조례안을 추진해 파문을 일으킨 일본 시마네

현 의회의 조다이 요시로 의원과 인터뷰를 한 적이 있어요. 이때 손석희는 조다이 의원의 논리를 예리하게 파고드는 질문으로 조다이 의원을 꼼짝 못하게 만들었어요.

조다이 의원은 인터뷰에서 독도가 일본 땅이라는 근거로 '1600년경부터 일본 국민이 독도에서 전복이나 물개를 잡았다는 기록이 있다.'라고 주장했어요. 이에 손석희는 '일본 기록보다 1000년 앞선 신라 512년의 우리 역사서에는 독도가 우리 영토로 기록돼 있고, 1454년에 편찬된 《세종실록》〈지리지〉에도 역시 독도가 언급돼 있다.'라고 지적했어요. 손석희는 독도가 우리 땅이라는 구체적인 역사 자료를 제시하여 '독도는 일본 땅'이라는 조다이 의원의 주장을 반박한 거예요.

손석희가 조다이 의원을 명쾌한 논리로 압도할 수 있었던 것은 철저한 준비 덕분이었어요. 독도에 대한 역사적인 기록을 조사하고 예상 질문에 철저하게 대비한 거예요. 이렇게 철저한 준비가 뒷받침되지 않으면 상대방의 논리에 설득당하고 무너지기 쉽다는 걸 명심하세요.

손석희의 말하기 비법 3 자신만의 원칙을 정해 소신 있게 말하라

손석희가 언론인으로서 높은 신뢰도를 유지하는 비결은 늘 공정성을 지키려 노력하는 점이에요. 또 방송인으로서 우리 사회에 막강한 영향력을 행사할 수 있는 비결은 언제나 균형 감각을 유지하며 중립적인 시각을 제공하겠다는 원칙을 철저하게 지켰기 때문이고요.

또한 손석희가 사람들에게 신뢰를 얻는 이유 중 하나가 소신 있게 말하는 태도예요. 방송 토론에서 손석희는 항상 자신의 생각을 먼저 거침없이 내보이며 패널들의 발언을 유도하곤 하거든요.

이렇듯 말의 신뢰도를 높이기 위해서는 공정하고 소신 있게 말하는 게 중요해요. 이를 위해서는 평소에 상식을 풍부하게 키워 자신만의 말하기 원칙을 정해 보는 게 좋아요.

손석희의 말하기 비법 4 진행자라면 한쪽 편을 드는 것은 금물!

어떤 문제가 발생했을 때, 그 문제를 바라보는 시각은 다양할 수 있어요. 우리나라는 보수와 진보, 좌파와 우파와 같이 편을 구분하는 경향이 있어요. 그래서 방송 프로그램을 진행할 때 자칫 한쪽 편을 든다는 오해를 살 수 있어요.

방송이나 토론, 회의를 진행할 때 어느 한쪽 편을 드는 것은 금물이에요. 어느 한쪽 편을 들면 다른 쪽이 항의하는 것이 당연하니까요. 진행자에게 꼭 필요한 능력이 바로 '편들지 않기'예요. 여러분도 학생 회장 선거 때 사회를 맡은 진행자가 어느 한 후보의 편을 든다면 학생 회장 선거가 공정하다고 말할 수 없겠지요. 물론 다른 후보들이 항의할 게 뻔하고요.

손석희가 방송인으로서 신뢰도와 영향력에서 1위를 유지하는 비결이 바로 방송 토론이나 프로그램을 진행할 때 어느 쪽의 편도 들지 않는다는 점이에요. 자기가 좋아하는 사람에게는 호의적으로 말하고 자신이 좋아하지 않는 사람에게는 비난하는 말을 한다면 누가 진행자를 신뢰할 수 있겠어요?

철저한 준비가 만든 '위기 대처의 남자'

손석희는 한 인터뷰에서 자신은 결코 말을 잘하는 사람이 아니라고 밝혔어요. 말을 잘하는 사람이 아닌데 손석희에게는 '말 잘하는 진행자'라는 별칭이 붙어 있어요. 그 비결은 방송 진행자에게 필요한 능력 가운데 하나인 순발력을 갖추었기 때문이에요. 순발력이란 돌발적인 상황에 차분하게 대처하는 능력을 말해요.

생방송을 진행하다 보면 돌발 상황이 발생할 수 있어요. 손석희는 2000년에 새로운 세기를 맞아 특별 생방송을 진행했어요. 2000년은 1900년대가 끝나고 새로운 100년이 시작되는 해였어요. 이때 손석희는 여자 배우와 함께 진행을 맡았는데, 그날은 날씨가 굉장히 춥고 강풍이 불었으며, 방송을 하는 서울 광화문에는 수많은 인파가 몰려들었어요.

그때 미리 준비해 온 대본이 순간적으로 강풍에 날아가 버렸어요. 당황한 여배우는 '어. 어.' 소리만 반복했어요. 그러나 손석희는 기념행사의 모든 상황을 일목요연하게 정리하고 밀레니엄의 의미까지 설명하며 자연스럽게 방송을 이끌어 나갔어요. 이날 손석희에게 붙여진 별명이 '위기 대처의 남자'였어요.

손석희가 돌발 상황에서도 차분하게 대응할 수 있었던 것은 철저한 준비 덕분이었어요. 손석희는 새로운 천년을 시작하는 아주 의미 있는 방송의 진행을 맡게 되자 도서관을 찾아 여러 책들을 뒤적이며 새로운 천년을 시작하는 의미에 대해 공부했어요. 그래서 대본이 날아가는 위기 상황에서도 당황하지 않고 대본이 없어도 능숙하게 진행할 수 있었던 거예요. 이게 바로 '준비의 힘'이에요.

이렇듯 순발력은 예상하지 못한 일이 발생했을 때 이를 무사히 처리하는 능력인데, 항상 준비하고 노력하는 사람에게 주어지는 능력이지요. 이 또한 모든 것을 잘 경청하고 균형 있는 시각으로 바라보고자 하는 평소의 노력에서 비롯된 것이라는 점을 잊지 마세요!

손석희에게 배우는 말하기 6법칙
'경청'을 이길 무기는 없다

1. 토론에서 흥분은 금물이에요

토론을 할 때뿐 아니라 친구들과 이야기할 때도 감정이 격해져 흥분할 때가 있어요. 그러나 이럴 때일수록 감정 조절을 잘해야 해요. 아무리 옳은 주장을 하더라도 흥분한 상태로 이야기하면 신뢰도가 떨어지기 때문이에요. 이럴 때는 크게 심호흡을 한 번 하고 감정을 잘 다스리는 게 중요해요.

2. 토론 준비는 철저히 해요

손석희가 라디오 방송에서 '독도는 일본 땅'이라는 일본 시마네 현 조다이 의원의 주장을 조목조목 반박한 것처럼, 토론에 나설 때는 나의 주장뿐 아니라 상대방의 주장을 반박할 근거까지 철저히 조사해야 해요. 그렇지 않으면 순간적으로 당황하여 알고 있던 내용도 제대로 말하지 못할 수 있으니 준비는 무조건 철저해야 해요.

3. 자신만의 원칙을 정해 소신 있게 말해요

손석희는 항상 소신 있게 말하는 태도로 사람들의 신뢰를 얻었어요. 물론 그 배경에는 자신의 생각을 뒷받침해 줄 풍부한 상식이 있었지요. 평소에 독서를 통해 상식을 충분히 쌓았다면 그 지식을 자신만의 논리에 맞춰 당당하게 펼치는 연습을 해 보세요.

4. 토론을 진행할 때는 공정해야 해요

토론에서 진행자가 한쪽 편만 든다면 아무도 진행자를 신뢰할 수 없겠죠? 이처럼 토론에서 진행을 맡았을 때는 무엇보다 공정성이 중요해요. 문제를 바라보는 시각은 다양하기 때문에 진행자도 개인적인 생각이 있을 수 있지만, 진행을 하는 동안은 자신의 생각을 접어 두고 양측의 주장을 공정하게 들어주는 게 무엇보다 중요해요.

7장

상대의 감정을 해치지 않는
셰릴의 **진정성**

세계가 주목하는 여성 리더

매년 3월 미국 캘리포니아에서는 테드 강연회가 아주 성대하게 열려요. 테드(TED)는 기술(Technology), 오락(Entertainment), 디자인(Design)의 약자로, 이 세 분야의 세계 최고 인물들이 참여하는 첨단 기술 강연회예요. 미국의 비영리 재단인 테드가 주최하는데 '세계 지식인의 축제'로 유명해요.

2010년, 테드 강연회의 최고 인기 강사는 페이스북의 최고운영책임자(COO) 셰릴 샌드버그였어요. 셰릴은 실리콘 밸리의 '유리 천장'을 깬 대표적 인물이에요. 유리 천장이란 여성이나 소수 민족 출신자의 고위직 승진을 가로막는 조직 내에 보이지 않는 장벽을 뜻해요.

셰릴은 2008년 페이스북 경영진에 합류했는데, 셰릴의 연봉이 '미국 최고 연봉 여성' 3위에 오를 정도여서 화제가 되기도 했어요. 잡지 〈블룸버그 비즈니스위크〉는 셰릴을 '미래의 유력한 여성 대통령 후보'로 전망했고, 미국 시사주간지 〈타임〉은 셰릴을 '세계에서 가장 영향력 있는 100인'에 뽑았어요. 하버드대 경제학과와 하버드 경영대학원을 모두 최고의 성적으로 졸업한 화려한 경력은 사람들의 시선을 끌기에 충분했어요. 그리고 2010년 테드 강연에 선 것이 셰릴이 세계적으로 이름을 얻는 결정적인 계기가 되었죠.

셰릴은 세계은행과 글로벌 컨설팅 회사 맥킨지를 거쳐 구글 부회장 그리고 페이스북 최고운영책임자까지, 계속 자신을 발전시켜 왔어요. 그런데 셰릴은 위로 올라갈수록 '중요한 자리'에는 여성이 없다는 점에 의문을 품게 되었어요. 셰릴이 2010년 테드 강연에서 '왜 여성 리더는 소수인가'를 주제로 강연하게 된 것은 바로 이런 이유 때문이었어요.

직장에서 기회가 생겼을 때 자신도 모르게 주춤하며 뒤로 물러서는 현상을 지적하고, 여성이 당당하게 테이블에 앉고, 위험을 감수하고, 기회를 향해 달려들 수 있도록 담담하지만 신념에 찬 어조로 강의했어요.

"터놓고 말하면 마음을 바꿀 수 있고, 마음이 바뀌면 행동을 변화시킬 수 있고, 행동이 변하면 조직을 탈바꿈시킬 수 있습니다."

현실이 어렵다고 포기하기에 앞서 솔직하게 '진정성'으로 다가간다면 세상을 바꿀 수 있다는 것이지요.

셰릴은 《린인(Lean In)》이라는 제목의 책을 쓰기도 했는데 국내에도 번역돼 소개되었어요. '린 인'은 '기회에 달려들어라'라는 의미예요. 셰릴은 뛰어들면 기회가 생긴다며 적극적으로 도전하라고 강조했어요.

즉 여성이 스스로를 바꾸고 세상을 바꾸려면 먼저 달려드는 '린 인'의 자세가 중요하다고 강조한 거예요.

 셰릴의 말하기 비법 1 당당하게 말하라

셰릴은 페이스북에 근무할 때 재무부 장관을 초청해 회의를 주선한 적이 있어요. 실리콘밸리의 기업 중역도 열다섯 명이나 초대했고요. 장관들은 네 명의 여성 보좌관과 함께 도착했어요. 이들 보좌관은 회의에 참석할 권리가 있었지만 테이블에 앉지 않고 회의실 옆에 놓인 의자에 앉았어요.

셰릴은 이때의 경험을 테드 강연에서 들려주었어요. 여성은 늘 뒤로 물러서서 말 그대로 한쪽 구석에서 상황을 지켜보기만 한다고 지적했어요.

"정말 포기할 수밖에 없는 순간에 포기하는 게 아니라, 처음부터 지레 겁을 먹고 '나는 이것밖에 못 해, 못 할 거야.' 하면서 소극적인 태도를 보이는 여성이 적지 않아요. 포기할 때 포기하더라도 먼저 그만두지 마세요."

기회는 욕심을 감추고 소극적으로 처신하는 사람보다 잘할 수 있다는 자신감과 열정과 에너지를 적극적으로 내보이는 사람에게 주어진다는 것을 말하고자 한 거예요. 그리고 무엇보다 중요한 것은 뒤로 물러서지 말고 당당하게 말하는 것임을 강조했어요. 여러분도 학창 시절부터 당당하게 말하는 자세를 키운다면 사회에 나가서도 뒤로 물러서지 않고 당당하게 말할 수 있답니다.

셰릴은 '자신감이 없을 때라도 자신감이 있는 척 가장하면 좋을 때가 있다.'고 강조했어요. 셰릴은 1980년대에 에어로빅 강사를 한 적이 있었어요. 에어로빅을 할 때 사람들은 한 시간 동안 꼬박 환하게 미소를 지어야 하는데, 미소가 자연스럽게 나오는 날도 있지만 기분이 좋지 않은 날에도 억지로 미소를 지어야 했어요. 그런데 한 시간 동안 억지로 웃다 보면 자신도 모르게 즐거워지는 경우가 많았다고 해요. 당당하게 말하는 자세가 중요한 이유가 여기에 있어요.

당당하게 말하는 자세만으로 잘할 수 있다는 자신감이 생길 수 있기 때문이에요.

셰릴의 말하기 비법 2 단순한 언어로 메시지를 전하라

단순한 언어를 사용하면 진실을 더욱 잘 전달할 수 있어요. 사람들은 다른 사람을 공격하는 것처럼 보일까 봐 애매하게 말하는 경우가 많아요. 어떤 의견에 반대할 때 '나는 그 의견에 반대합니다.'라고 말하지 않고, 대신 '그 의견은 좋은 것 같습니다만, 단점이 없다고는 생각되지 않습니다.'라는 식으로 말하죠. 이렇게 완곡하게 표현하면 도대체 무슨 말을 하는지 파악하기가 어려워요.

세릴은 강연에서 페이스북의 설립자인 마크 저커버그의 일화를 소개했어요. 마크가 중국어를 배우면서 직원들과 이야기를 나누었는데, 어느 날 한 여직원이 자신의 상사에 대해 이야기를 했어요. 마크는 그 여직

원의 말을 이해할 수 없어서 '좀 더 간단하게 말해 줘요.'라고 했어요. 그 직원이 다시 말했는데도 알아들을 수가 없었어요. 마크는 다시 한 번 더 쉽게 말해 달라고 부탁했어요. 이런 과정이 몇 번 반복되었어요. 그러다 그 직원은 그만 자기도 모르게 '내 상사가 나쁘다고요!'라고 말하고 말았어요. 나쁜 상사를 고발하고 싶었는데 그런 말을 직접적으로 하면 불이익을 받을까 봐 말할 수 없었던 거예요. 그러나 명쾌하게 말하지 않으면 결코 자신의 생각을 제대로 전달할 수 없어요.

완곡한 표현이 필요할 때도 있지만, 상대방과의 소통이나 설득에 있어서 중요한 것은 내용 전달이에요. 제대로 된 메시지를 전달할 수 없다면 완곡한 표현은 잘못된 방법이 되고 만다는 것을 명심하세요.

셰릴의 말하기 비법 3 용기를 주는 문장을 공유하라

셰릴은 페이스북에 근무하면서 여성이 느끼는 두려움을 떨치고 용기를 주는 문장을 공유하는 캠페인을 폈어요. '위험에 무릎 꿇지 말고 도전하라'라는 포스터를 사내 곳곳에 붙여 직원을 격려하는 문화를 조성했어요. 포스터에는 빨간색 글씨로 '행운의 여신은 용감한 자의 편이다', '전진하라. 그리고 대담하라' 등의 문구도 적어 놓았어요. 셰릴은 특히 '두렵지 않다면 무엇을 하겠는가'라는 문구를 좋아했다고 해요.

셰릴은 2011년 뉴욕에 있는 버나드 칼리지라는 여자 대학의 졸업식에서 연설을 한 적이 있어요. 셰릴은 이 자리에서 리더가 되려는 야망에서 남녀가 차이를 보인다며 다음과 같이 말했어요.

"여러분은 더욱 평등한 세계를 열 수 있는 희망입니다. 세상으로 나가는 오늘 밤을 뜨겁게 축하한 다음에는 경력을 향해 매진하기 바랍니다. 자신의 경력을 발전시키기 위해 적극적으로 달려들고 세상을 경영하겠다는 야망을 품기 바랍니다. 세상을 바꾸려면 여러분이 필요합니다. 전 세계 여성이 여러분에게 의지하고 있습니다."

셰릴의 말만 들어도 용기가 불끈 솟아나는 것 같죠? 다른 사람에게 힘을 주고 에너지를 느끼게 하는 말은 긍정적인 생각을 불러일으킬 수 있어요. 그게 바로 '말의 힘'이에요.

셰릴의 말하기 비법 4 나보다 우리, 공공선을 표현하라

셰릴은 항상 여성들에게 '생각은 개인적으로, 행동은 공동체적으로 해야 한다.'고 조언해요. 공동체의 이익을 위해 노력하는 것만으로도 자신의 이익에 집착하지 않는 모습을 보여 줄 수 있기 때문이에요. 토론이나 발표를 할 때도 나 혼자보다는 내가 속한 학급이나 단체의 이익에 초점을 맞추면 더 좋은 결과를 얻을 수 있어요.

셰릴은 2013년 7월 3일 우리나라 연세대학교에서 강연을 했어요.

이때 당당한 걸음으로 걸어 나온 셰릴은 '나댄다!'라는 한국어로 강연을 시작했어요. 여성이 리드하는 경우 영어로는 'She is too aggressive!'라고 표현하는데, 이것을 한국식으로 '나댄다'라고 표현한 거예요. 한국어 발음이 아주 정확해서 청중 모두가 깜짝 놀라고 웃음바다가 되었어요.

셰릴은 남자가 자신감 있게 일을 해내고 리드하면 '일을 잘한다.'라고 평가하지만 여자들이 똑같이 했을 경우 한국에서는 '나댄다.'라고 말한다고 지적하면서 앞으로는 '나댄다.'라고 하지 말고 '리더십이 있다.'고 표현하자고 제안해 큰 박수를 받았어요.

연세대 강연회에서 셰릴은 무엇보다 여성은 '고정관념에서 벗어나야 한다.'라고 강조했어요. 여성은 일반적으로 본인의 능력을 과소평가하는 경향이 있다면서 '나의 능력 때문에 내가 성공했다.'라고 당당히 말할 수 있는 여성이 되어야 한다고 말했어요. 그리고 '일과 인생, 그리고 더 나은 세상을 위해 기회에 달려들어라!'라는 말로 강연을 마무리했어요.

셰릴의 강의 내용을 보면 전체 여성의 권익에 관심이 많다는 걸 알 수 있어요. 나만의 성공, 나만의 행복만을 말한다면 사람들의 공감을 얻을 수 없어요. '여성 전체를 위해 나대라!' 이게 셰릴이 강조한 핵심이에요.

상대방의 입장을 진정성 있게 받아들여요

셰릴은 자신의 어릴 때 일화를 소개하면서 '상대방의 입장에서 말해 보라.'라고 강조했어요. 셰릴 남매는 여느 남매들처럼 어릴 때 자주 다투었어요. 그럴 때마다 어머니는 꾸짖는 대신에 '상대방의 말을 반복하라.'라는 벌을 주었어요. 당연히 상대의 말을 하고 싶지 않았지만, 어머니는 말할 때까지 억지로 시켰어요. 상대방의 말에 반박하기 전에 그 말을 되풀이하라는 것이었어요. 어머니는 상대방의 생각을 입으로 표현해 보면 둘의 입장 차이가 분명하게 드러나서 해결 방법을 찾기 쉽다고 말했어요.

셰릴 역시 자신의 아이들을 이렇게 훈련시키고 있어요. 문제를 바로잡는 첫 번째 단계는 문제를 인식하는 데에 있어요. 이때 상황을 제대로 파악한다면 자기 행동을 조절할 수도 있고, 실수를 피할 수 있겠지요. 하지만 자기 행동을 어떻게 생각하는지 남에게 묻는 사람은 거의 없어요. 이때 두 사람의 의견 차이를 쉽게 줄일 수 있는 방법이 바로 남의 입장에서 말하기예요.

대화에서 가장 중요한 것은 진정성이에요. 어린 아이는 엄마에게 궁금한 게 있으면 꾸밈없이 솔직하게 물어요. 하지만 아이들은 자라면서 상황에 맞추어 말하는 방법을 배우는데 이때부터 진정성을 조금씩 잃게 돼요. 거짓말을 하거나 꾸며 말하곤 하죠. 그래서 차츰 나이를 먹을수록 진심에서 우러난 대화를 하기가 쉽지 않아요. 사람들은 자신과 남을 보호한다는 핑계로 솔직한 태도를 포기하고, 그러다 점점 누구도 진실을 말하지 않게 되는 거예요. 솔직하게 자기 생각을 말하면 자기에게 관심이 집중되고 또 오해를 살까 두려워하기도 하고요.

셰릴은 '대화란 무엇보다 용기 있게 자신이 하고 싶은 말을 하는 데서 시작한다.'면서 '이때 진정성을 갖고 대화한다면 상대방에게 자신의 생각을 설득력 있게 전달할 수 있다.'고 말해요. 그런데 진정성 있게 말하는 것은 솔직하게 말하는 것과는 차이가 있어요. 상대방이 듣기 싫어할 정도로 사실을 솔직하게 말한다면 상대방을 화나게 할 수 있겠지요. 셰릴은 이때 '은은하게 솔직한 표현을 사용해서 말하는 게 바람직하다.'라고 말해요.

효과적인 말하기의 출발은 바로 나의 관점과 다른 사람의 관점이 다르다는 사실을 인정하는 데서 시작해요. 자기만 진실을 말한다고 생각한다면 이는 다른 사람의 입을 막는 셈이니까요. 다른 사람의 생각을 진정성 있게 받아들이는 자세가 무엇보다 중요해요.

셰릴에게 배우는 말하기 7법칙
'진정성'을 이길 무기는 없다

1. 당당하게 말해요

당당하게 말하는 게 중요하다고 하지만, 항상 자신감이 있을 수는 없어요. 그러나 자신감이 없을 때는 자신감 있는 척하는 것만으로도 큰 도움이 돼요. 당당하게 말하는 자세가 자신감을 키워 주기 때문이에요.

2. 메시지는 단순한 언어로 정확히 전해요

내 얘기가 다른 사람에게 상처가 될 수도 있다고 생각해서 망설이거나 애매하게 얘기하는 경우가 있죠? 그러나 내 생각을 잘 전달하기 위해서는, 특히 많은 사람 앞에서 이야기할 때는 알아듣기 쉬운 표현으로 정확히 말하는 게 중요해요. 그래야 내 생각이 더 효과적으로 전달되기 때문이에요.

3. 용기를 주는 긍정적인 말을 해요

셰릴은 특히 여성들이 실패에 대한 두려움이 많다고 했어요. 그러면서 늘 용기를 줄 수 있는 긍정적인 말을 하려고 노력했죠. 그러나 꼭 여성에게뿐 아니라 '할 수 있다'는 긍정의 말을 들으면 누구나 용기가 생기고 에너지가 생기게 마련이에요. '말의 힘'을 믿고 항상 긍정적인 말을 하도록 해요.

4. 나보다 우리의 입장에서 말해요

'생각은 개인적으로, 행동은 공동체적으로 해야 한다.'는 셰릴의 말처럼, 토론의 자리에서 나를 내세우기보다 공동체의 이익을 내세워 말하는 게 좋아요. 예를 들어 학급회의에서 우리 반의 어떤 문제를 해결할 때, 나 혼자보다는 반 전체를 위한 의견을 낸다면 더 설득력 있게 들려 많은 친구들의 동의를 얻을 수 있어요.

어린이를 위한 말하기 7법칙

1판 1쇄 발행 | 2015. 1. 5.
1판 8쇄 발행 | 2024. 11. 1.

최효찬 글 | 이희은 그림

발행처 김영사 | **발행인** 박강휘
등록번호 제 406-2003-036호 | **등록일자** 1979. 5. 17.
주소 경기도 파주시 문발로 197 (우10881)
전화 마케팅부 031-955-3100 | 편집부 031-955-3113~20 | 팩스 031-955-3111

ⓒ 2015 최효찬, 이희은
이 책의 저작권은 저자에게 있습니다. 저자와 출판사의 허락 없이 내용의 일부를
인용하거나 발췌하는 것을 금합니다.

값은 표지에 있습니다.
ISBN 978-89-349-6968-6 73370

좋은 독자가 좋은 책을 만듭니다. 김영사는 독자 여러분의 의견에 항상 귀 기울이고 있습니다.
전자우편 book@gimmyoung.com | 홈페이지 www.gimmyoung.com

이 도서의 국립중앙도서관 출판시도서목록(CIP)은 서지정보유통지원시스템 홈페이지(http://seoji.nl.go.kr)와
국가자료공동목록시스템(http://www.nl.go.kr/kolisnet)에서 이용하실 수 있습니다. (CIP제어번호 : CIP2014036231)

| 어린이제품 안전특별법에 의한 표시사항 | 제품명 도서 제조년월일 2024년 11월 1일
제조사명 김영사 주소 10881 경기도 파주시 문발로 197 전화번호 031-955-3100 제조국명 대한민국
사용 연령 10세 이상 ⚠주의 책 모서리에 찍히거나 책장에 베이지 않게 조심하세요.